目次

算数

理科

社会

国語

英語

＊英語には『まとめテスト』はありません。

＊算数・理科・社会・英語は後ろから始まります。

まどか　さとる　ロボくん

きみに伝えたい名文

疑いながら、ためしに右へ曲るのも、
信じて断乎として右へ曲るのも、
その運命は同じ事です。
どっちにしたって引返すことは
出来ないんだ。

太宰治『お伽草紙』「浦島さん」
かめの言葉より

太宰治・作の「浦島さん」という物語の中にある言葉だよ。この物語は、みんなもよく知っている「浦島太郎」という昔話をもとに書かれたんだ。
竜宮城に向かおうとするときに、竜宮城の存在をうたがった浦島太郎は、行くかどうかを迷ってしまう。そんな浦島太郎に、かめが上の言葉を言うんだ。
やろうと一度決めて進んでいることを、「やっぱりやめればよかったな」とか「他の選択をしていたらどうなっていたかな……」と後悔しても何も変わらない。決めたことに対して全力でがんばらなきゃ、って背中をおしてくれる言葉だよね！

太宰治（一九〇九〜一九四八）
青森県出身の作家。本名は津島修治。代表作には『走れメロス』『津軽』『お伽草紙』『人間失格』などがある。

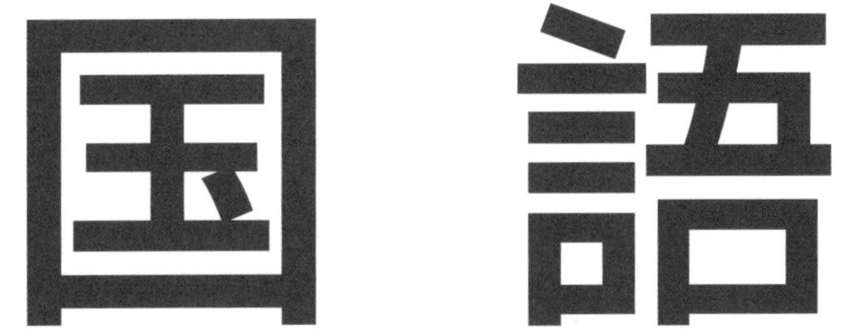

ページ

★ 算数は 63 ページから始まります。
★ 理科は 39 ページから始まります。
★ 社会は 33 ページから始まります。
★ 英語は 85 ページから始まります。

全部終わったら，「まとめテスト」に挑戦しよう。

左のマークはむずかしい内容についています。解くことができれば自信をもってよい問題です。
まちがえた場合は，『答えと考え方』を読んで理解しておきましょう。

第1回 漢字・言葉の学習①

学習日　月　日

得点　/100点

問一 **ア・イ**で指定された組み立てになるように、□に適切な漢字を書きなさい。（各2点）

ア 反対や対の意味の漢字を組み合わせてできている熟語

(1) 明□　(2) □終　(3) □近
(4) □楽　(5) 新□　(6) □少

イ 似た意味の漢字を組み合わせてできている熟語

(1) 広□　(2) 快□　(3) □福
(4) 道□　(5) 切□　(6) 豊□

問二 次の熟語のうち「上の字が下の字を修飾している熟語」を四つ選び、熟語を◯で囲みなさい。（各2点）

週末　勝負　永遠　移動　良書
衣服　国立　羊毛　船旅　円高

問三 次の(1)〜(6)の熟語の読み方を□に書きなさい。また、それぞれの読み方はあとの**ア〜エ**のどれにあたりますか。一つずつ選び、記号を（　）に書きなさい。（両方できて各4点）

(1) 織物　読み方□・記号（　）
(2) 両手　読み方□・記号（　）
(3) 刊行　読み方□・記号（　）
(4) 身分　読み方□・記号（　）
(5) 街角　読み方□・記号（　）
(6) 格安　読み方□・記号（　）

ア 上下とも音読みのもの
イ 上下とも訓読みのもの
ウ 上が音読み、下が訓読みのもの（重箱読み）
エ 上が訓読み、下が音読みのもの（湯桶読み）

問四 次の(1)〜(6)の熟語について、対義語と類義語をあとの**ア**〜**シ**からそれぞれ一つずつ選び、記号を（　）に書きなさい（同じ記号は二回使わないこと）。（両方できて各4点）

(1) 短所　対義語（　）　類義語（　）

(2) 自然　対義語（　）　類義語（　）

(3) 好調　対義語（　）　類義語（　）

(4) 方法　対義語（　）　類義語（　）

(5) 不満　対義語（　）　類義語（　）

(6) 賛成　対義語（　）　類義語（　）

ア 目的	**イ** 不服	**ウ** 人工	**エ** 快調
オ 満足	**カ** 反対	**キ** 不調	**ク** 手段
ケ 長所	**コ** 同意	**サ** 欠点	**シ** 天然

問五 次の(1)〜(10)の――の漢字の読み方を（　）に書きなさい。（各2点）

(1) 家から駅までの往復に三十分かかる。（　）

(2) この店は商品の価格がとても安い。（　）

(3) 発表会で王子様の役を演じる。（　）

(4) 事件の原因を調べる。（　）

(5) むずかしい問題を解く。（　）

(6) アリがお菓子に群がる。（　）

(7) 険しい山道を登る。（　）

(8) 八百屋さんで買い物をする。（　）

(9) 今までに見たことのない景色が広がる。（　）

(10) お父さんの手伝いをする。（　）

答えは『答えと考え方』

第2回 説明文の読み取り①

国語

次の文章を読んで、あとの問いに答えなさい。

①科学の成果は使い方によって、平和のために活用できるし、逆に軍事利用されることもあります。

たとえば、近くに大きなビルが建ったときに、電波が反射して、テレビのうつりが悪くなったという問題が数十年前に起こりました。

技術者がフェライトという材料をまぜた塗料を作ったところ、電波をきゅうしゅうして問題を解決することがわかりました。しかしこの技術はその後、戦とう機の表面にぬって、敵のレーダーにうつりにくくすることにも使われたのです。最終的に、どのように利用するのかは一人ひとりの「人間」の問題になってくるのです。

ぼくは②平和のためのメッセージを送り続けてきましたが、科学者だから取り組んでいるのではありません。あくまでも人間として、また社会の一員として生きるために続けてきました。

軍事技術も、その分野の専門家によって高度な研究が進められています。われわれのような科学者が太刀打ちできるものではありません。しかしもし、科学者として持っている知識、思考が平和のために役に立つのであれば、活用したいなと思っています。

みなさんの身近なところでいうと、③いじめやいやがらせの問

問一 ——①、ここで「科学の成果」の具体例としてあげられているものを、文中から十六字で書きぬきなさい。（15点）

問二 ——②、筆者がこのようにし続けてきたのは何のためですか。文中の言葉を用いて三十五字以内で書きなさい。（20点）

問三 ——③を解決するために、筆者は何が大切だと考えていますか。文中から三十七字でさがし、最初と最後の五字を書きぬきなさい（かぎかっこも字数にふくむ）。（両方できて20点）

学習日　　月　　日

得点　　／100点

題を解決するのにも似ているような感じがします。最初はおもしろ半分にちょっかいを出したところから、深刻になっていくこともあります。ぼくはそういうのが好きではなかったから、からかわれている子がいると「こっちにおもしろい物があるぞ。ちょっとこいよ」なんていって、無意識にその場からさそい出していました。理くつではなく「いじめはかっこ悪い」とか「いやがらせは良くない」といった一人ひとりの思いが大切だと思います。

かくばくだん、かく兵器をなくす運動がさかんに行われていますが、ぼくはほかの兵器も使わないこともふくめて「戦争はいやだ」という、④戦争そのものを否定する空気を広げていくことが大切だと思います。

というのも、かく兵器以外の兵器の性能もどんどん向上している中で、かく兵器さえなくなればよいというのでは十分でないと思うからです。

「国家間の争いは武力では解決しない」という世界全体のルールを作り、一度造ってしまったかく兵器の国際的な管理などを進めることで、ぼくはあと二百年で地球上から戦争というものがなくなると考えています。

「知らないふり」というのはいけない。みなさんにもいま、世界でなにが起こっているのか、どんな争いごとがあるのか目を向けてもらいたいと思います。

問四 ——④、筆者がこのように考える理由を、文中の言葉を用いて五十字以内で書きなさい。（30点）

最初　□□□□□

最後　□□□□□

問五 筆者の主張として適切でないものを次の中から一つ選び、記号を○で囲みなさい。（15点）

ア　科学の成果を平和のために活用するか、軍事のために利用するかは、一人ひとりの「人間」の問題になってくる。

イ　軍事技術を研究する専門家にはかなわないが、平和のために役立つ科学者としての知識や思考があれば、活用したい。

ウ　平和のための国際的なルールを作ることがすでに進められているので、あと二百年で戦争をなくすことができるだろう。

エ　身近な問題や世界で起こっている争いごとにきちんと目を向け、それらの解決のために行動していくことが大切だ。

益川敏英『益川博士のロマンあふれる特別授業～子どもたちに、伝えておきたいこと～』（朝日学生新聞社刊）

答えは『答えと考え方』

第3回 漢字・言葉の学習②

国語

学習日　　月　　日

得点　　／100点

問一 次の(1)～(5)の□に「無・不・非・未」のいずれかを入れて、三字の熟語を作りなさい。（各4点）

(1) □完成　(2) □意識　(3) □常識　(4) □制限　(5) □安定

問二 次の(1)～(4)の□に漢字を一字入れて、四字熟語を作りなさい。（各5点）

(1) □行方正　(2) 意気□合　(3) 自由自□　(4) 有言□行

問三 次の(1)・(2)の文章には、正しくない漢字が三つずつふくまれています。【例】にならって正しくない漢字に線を引き、となりに正しく書き直しなさい。（各2点）

【例】この地方は、夏はとても厚（暑）い。

(1) 今年の運動会で、始めてリレーの選手になった。両親と弟が応えんに来ていたので、無中で走ったら、いつもより早く走ることができた。

(2) 父の士事は、お客さんの希望に合った家を接計することです。例えばお年寄りのいる家庭では、お年寄りが不弁なくくらせるような工夫が必要です。父は、快適な家をつくることが自分の責任だと言っています。

問四 次の(1)〜(4)の文について、——の慣用句の使い方が正しいほうを選び、記号を○で囲みなさい。（各3点）

(1)
ア 物語の意外な展開に、手にあせをにぎって続きを読んだ。
イ 暑い日に、手にあせをにぎって登校する。

(2)
ア 勉強したのにテストが解けなくて、かたを落として帰る。
イ うれしい知らせに、かたを落として喜んだ。

(3)
ア 来週の遠足が楽しみで、気が気でない。
イ 置きわすれた荷物がなくならないかと、気が気でない。

(4)
ア 委員長なんて、ぼくには荷が重い。
イ なりたかった役になれて、荷が重い。

問五 次の(1)〜(4)の□に漢字を一字入れて、慣用句を作りなさい。（各5点）

(1) □にあまる　【意味＝あまりにひどくて、見過ごせないこと】

(2) □もなみだもない　【意味＝やさしさがまったくないこと】

(3) □をのばす　【意味＝のびのびと自由にふるまうこと】

(4) □が短い　【意味＝せっかちで、すぐにおこる性格のこと】

問六 次の□に漢字を書きなさい。（各2点）

(1) □□（かこ）をふり返って反省する。

(2) 会議室の使用を□□（きょか）する。

(3) 運動会の出場□□（きょうぎ）を選ぶ。

(4) 家の庭は、ねこの□（ひたい）ほどの広さだ。

(5) 鉄棒に□（さか）さまにぶら下がる。

(6) 新しい生活にもすぐ□（な）れた。

(7) □□（がんか）に通院する。

(8) 担任の先生は□□（はくしき）だ。

答えは『答えと考え方』

第4回

物語の読み取り①

国語

学習日

月　日

得点

／100点

次の文章を読んで、あとの問いに答えなさい。

嘉穂は「合唱コンクール」でソロで歌うことになったが、前日のリハーサルでは思うように歌うことができなかった。

翌日、まだ、七時、先生は嘉穂を待ち構えていた。
おずおずとレッスン室に入る。
「さて、本番前の発声だけしとこうか」
昨夜の歌を注意されると身構えていた嘉穂は（　Ａ　）した。
「あのぅ」
「何？」
「昨日、①ひどかった」
「知ってるよ」
先生はなんでもないことのように言う。
「あたしもあの場所にいたからね」
そうだったのか。ききにきてくれていたんだ。
「で、嘉穂ちゃんはどう思った？」
嘉穂は、声が固まって自分のそばにぽろぽろと落ちていく感じだったと、感じたままをいった。
「上出来よ。それだけわかってれば」
（え、そうなの？）

問一　（　Ａ　）に適切な言葉を次の中から一つ選び、記号を○で囲みなさい。（15点）

ア　身ぶるい
イ　気落ち
ウ　ひょうしぬけ
エ　大喜び

問二　――①、嘉穂が、昨夜の歌について自分で思ったことを表している一文を文中からさがし、最初の五字を書きぬきなさい（句読点も字数にふくむ）。（15点）

問三　――②、先生は歌をどのようなものだと考えているのですか。「〜もの。」に続く形で文中から二十字で書きぬきなさい。（25点）

「嘉穂ちゃんがはじめてここで声をだしたとき、そんな声だった。自信がなさそうで、そうだな、ものすごくたよりなくって、ふらふらっとした声だった。そういう状態だったみたいね」
先生にはわかっていたのだ。
「両足をふんばって、おなかに力をいれて、大地のエネルギーを体を通して空にとどける。②歌ってそういうもんだと思う。その送り手が嘉穂ちゃんなのよ。自覚してね」
言葉を聞きながら、嘉穂の両足に力がはいる。おなかがパンと張ってきた。
「歌って、やればやるほど、かべが次々にでてくるの。それを楽しんで乗りこえるか、泣きながら乗りこえるか、それは人それぞれだけど、かなり覚悟しなくちゃいけないところがあるのよ」
「じゃ、あたしが③ものすごく下手って感じたのは」
「そう、簡単よ。うまくなっているってこと」
「じゃ、じゃ、自分でうまいって思うことってないんですか？」
「そうだな、ない、かな。本当にいっしゅんにこの声がでたっていう時、それはヤッター！　とさけびだしたいほどだわ。そのしゅん間をさがし求めてるっていってもいいかな」
ちぢこまっていた体がほぐれていく。
「下手は上手のはじまり。なんにでも通じるわね」
先生がなんでもないことのように言う。
「さて、声をだしとこうか」
レッスンのときと同じ音階練習。軽めのメニューだ。苦手なイスの発声はやらなかった。
ねぼけた声がしだいに整っていく。今はこのくらい。でも、明日は、そしてその次の日は、もっといい声がだせるかもしれない。

問四　――③、嘉穂が自分の歌を下手だと感じたのは、どのようなことの表れですか。文中の言葉を用いて二十字以内で書きなさい。（30点）

もの。

問五　先生の話を聞いたあと、嘉穂はどのような気持ちになっていますか。適切なものを次の中から一つ選び、記号を○で囲みなさい。（15点）

ア　昨夜うまく歌えなかったことからまだ立ち直れないが、今日の本番に向けてできるだけのことをしておこう。
イ　先生は今日の本番でもうまく歌えないだろうと見放しているようなので、何とかして見返してやろう。
ウ　先生にもめったにだせないのに自分にいい声をだせるはずがないので、今後は気楽に歌っていこう。
エ　今はかべにぶつかっているとしても少しずつ乗りこえていけるように、これからも練習を積んでいこう。

にしがきようこ『ピアチェーレ　風の歌声』（小峰書店刊）

答えは『答えと考え方』

第5回 漢字・言葉の学習 ③

学習日　　月　　日

得点　　／100点

問一 次の(1)〜(4)の文の□に入る慣用句として適切なものをあとの**ア**〜**カ**から一つずつ選び、記号を（　）に書きなさい。（各4点）

(1) お祭り好きの父は、笛やたいこの音を聞くと、□ようだ。（　）

(2) 何度言っても態度を改めないでいると、クラスのみんなは君に□よ。（　）

(3) 朝からいそがしかったパン屋さんが、午後になって、やっと□。（　）

(4) 明日で休みが終わりなのに、宿題がたくさん残っていて□。（　）

ア 愛想をつかす　**イ** 血がさわぐ　**ウ** 口が減らない
エ 途方にくれる　**オ** 息をつく　**カ** 頭を冷やす

問二 次の(1)〜(3)のことわざの□にあてはまる漢字一字を□に書きなさい。（各4点）

(1) 百□あって一利なし

(2) 七転び□起き

(3) □は友をよぶ

問三 次の(1)・(2)のことわざの意味として適切なものをあとの**ア**〜**ウ**から一つずつ選び、（　）に記号を書きなさい。（各4点）

(1) 身から出たさび（　）

(2) 火中のくりを拾う（　）

ア 苦労したことが台無しになってしまうこと。
イ 自分の利益にならない危険なことを、他人のためにすること。
ウ 自分の行いが原因で、大変な目にあうこと。

国語

問四 次の(1)〜(4)の熟語の対義語になるように、□に漢字一字を書きなさい。（各5点）

(1) 安心 ⇔ □安

(2) 許可 ⇔ □止

(3) 収入 ⇔ □出

(4) 失敗 ⇔ 成□

問五 次の(1)〜(4)の熟語の類義語になるように、□に漢字一字を書きなさい。（各5点）

(1) 安全 ― □事

(2) 返事 ― 応□

(3) 使命 ― 任□

(4) 進歩 ― □上

問六 次の(1)〜(4)の――で使う漢字をそれぞれ□から一つずつ選び、漢字を○で囲みなさい。（各3点）

(1) この薬は、のどのいたみにキく。

気　聞　効

(2) 古くから、農コウ民族としてくらしてきた。

耕　功　航

(3) 小さくなった服をキ付する。

基　規　寄

(4) 国キョウの山をこえる。

鏡　境　競

問七 次の(1)〜(3)の――の言葉を、漢字と送りがなで書きなさい。（各4点）

(1) 勝利をよろこぶ。（　　）

(2) 友達のたのみをことわる。（　　）

(3) 名前をよばれたら、ただちに来てください。（　　）

答えは『答えと考え方』

国語

第6回 説明文の読み取り②

次の文章を読んで、あとの問いに答えなさい。

氷山の氷は、とてもおいしいことで知られています。

何千年、何万年とふり積もった雪のかたまりですから、気ほうがたくさん入っていて、氷といってもとう明ではありません。冷蔵庫(れいぞうこ)でつくる氷とは、たとえば、とう明なガラスとすりガラスほどのちがいがあります。

この氷山の氷をコップに入れて水を注ぐと、気ほうがはじける音が聞こえます。①プチュプチュというような音で、わたしたちはこれを「氷山のつぶやき」とか「氷山のささやき」とかよんで、コップに耳をつけて楽しんでいました。

何万年前の空気が、現代(げんだい)の空気と出会ってあいさつを交(か)わしているのではないか、といった想像(そうぞう)をしてロマンを感じていたのです。

もちろんとかして使えば、飲料水としても最高です。同じ氷だとはいっても、海氷・流氷は塩からくてとても飲料水には使えません。

②北極と南極では、氷山の形もちがうといわれています。南極の氷山は、四角いビルディングのような③「テーブル型氷山」が多いのに対して、北極の氷山は、さまざまな形にくずれたものが多いのです。

問一 ――①について、次の(1)・(2)の問いに答えなさい。

(1) これは何の音ですか。文中の言葉を用いて二十字以内で書きなさい。(20点)

(2) この音を聞いて、筆者たちはどのような様子を思いうかべましたか。「〜様子。」に続くように文中から三十字でさがし、最初と最後の五字を書きぬきなさい。(両方できて20点)

最初　□□□□□

最後　□□□□□ 様子。

問二 ――②、北極と南極とで氷山の形にちがいが生まれる一番大きな原因(げんいん)は何ですか。次の文のように説明するとき、（ a ）・（ b ）にあてはまる言葉を、文中からそれぞれ書きぬきなさい（aは一字・bは二字）。(各10点)

学習日　月　日

得点　/100点

　この理由は、北極は海なのに、南極には真ん中にどっかりと大きな大陸があることです。南極では、この大陸のうえにふり積もった雪が分厚い氷床となり、それが海のうえにすべり出したあとちぎれて氷山となるため、テーブル型氷山が多くなるのです。ときには大きな島のような氷山まで現れます。 20

　それに対して北極は、中心が海ですから氷山のもとになる陸地が少なく、もともと南極に比べれば小さい氷山が多いうえに、海に流れ出てからとけることによって、さまざまな形になります。 25

　氷山のでき方といえば、わたしが最初に南極に行った七次隊のとき、ペンギンの出むかえを受けた場所から一番機のヘリコプターで昭和基地へと向かう途中、「氷山の製造所」ともいうところを空から見ました。 30

　そこは、南極大陸と海との境目で、陸から海へ張り出した氷床にたくさんのわれ目が模様のようについており、まるで豆ふに包丁を入れたような感じでした。これがバラバラになって海に流れ出れば、氷山になるのでしょう。 35

北極の中心は（　a　）だが、南極の中心は（　b　）であること。

a □

b □

問三　——③のでき方について、次のようにまとめました。□に適切な内容を、文中の言葉を用いて書きなさい。（25点）

①　大陸にふり積もった雪が分厚い氷床になる。

↓

②　□

問四　問題文の内容として適切なものを次の中から一つ選び、記号を○で囲みなさい。（15点）

ア　氷山の氷は、海氷や流氷とはちがってすき通っており、とかして飲むとおいしい。

イ　北極と南極では、氷山の形だけでなく、氷山の大きさにもちがいが見られる。

ウ　北極の氷山にくずれたものが多いのは、北極の海では氷がとけやすいためである。

エ　筆者は、氷山のでき方について調べるために、七次隊の一員として南極をおとずれた。

柴田鉄治『国境なき大陸　南極』（冨山房インターナショナル刊）

答えは『答えと考え方』

第7回 漢字・言葉の学習④

国語

学習日
月　日

得点
／100点

問一 次の(1)・(2)の言葉の読み方として正しいほうはどちらですか。記号を○で囲みなさい。（各5点）

(1) 貧しい　ア まづしい　イ まずしい

(2) 道連れ　ア みちづれ　イ みちずれ

問二 次の(1)・(2)は、主語と述語（じゅつご）が対応（たいおう）せず、不自然な言い回しになっています。――部を書き直し、正しい文にしなさい。（各9点）

(1) 中田さんの成績（せいせき）がよいのは、毎日授業（じゅぎょう）の予習をしています。
↓中田さんの成績がよいのは、（　　　）

(2) ぼくの将来（しょうらい）の夢（ゆめ）は、うちゅう飛行士になりたいです。
↓ぼくの将来の夢は、（　　　）

問三 次の(1)・(2)の二つの文を、【例】にならって「ので（なので）」「けれど」のいずれかを使って、一つの文に書き直しなさい。（各9点）

【例】ア ねぼうをした。
イ 朝食が食べられなかった。
↓ねぼうをしたので、朝食が食べられなかった。

(1) ア 自信があった。
イ 失敗してしまった。
↓（　　　）

(2) ア 来週はマラソン大会がある。
イ 早く起きて練習する。
↓（　　　）

問四 次の(1)～(3)の文は、意味を二通りに取ることができます。【例】にならって、《　　》の意味になるように語順を入れかえて、文を書き直しなさい。（各10点）

【例】赤くてきれいなリボンつきの花をもらった。
《赤くてきれいなのは「花」》
→リボンつきの赤くてきれいな花をもらった。

(1) 小さい茶色の目をしたねこを飼う。
《小さいのは「ねこ」》
→〔　　　　〕

(2) 母はあわてて走っていく弟を追いかけた。
《あわてているのは「母」》
→〔　　　　〕

(3) 大きなお肉をはさんだハンバーガーを食べる。
《大きいのは「ハンバーガー」》
→〔　　　　〕

問五 次の(1)～(3)の――のカタカナと同じ漢字を使うものを**ア**～**エ**から一つずつ選び、記号を○で囲みなさい。（各8点）

(1) 理科のシ料集で調べる。
ア うさぎのシ育係になる。
イ サッカーのシ合に出場する。
ウ 国家シ格をとる。
エ 弟は意シが強い。

(2) フク雑な仕組み。
ア ようやく天気が回フクした。
イ フク引きで一等が当たる。
ウ 薬を食後にフク用する。
エ 本物そっくりのフク製画。

(3) 有名な先生をコウ師にむかえる。
ア コウ山で銀をほる。
イ 家族の健コウを守る。
ウ 交通安全のコウ習会に参加する。
エ カメラのコウ造を調べる。

5年生で習う漢字もふくまれているよ。しっかり書けるようにしておこう！

答えは『答えと考え方』

第8回 物語の読み取り ②

国語

次の文章を読んで、あとの問いに答えなさい。

凛（わたし）と水月は、みんなでクリスマス・イブに集まる計画を立て、クラスメイトの葵もさそった。ところが、中学受験をひかえた葵は、塾があるから、と断る。

「クリスマス・イブも塾なんだ。」
「じゃ、水月と三人で、初もうでに行かない？」
「お正月も塾があるの。」
「え？　元旦から？」
びっくりした。
「うん。」
葵ちゃんは、はずかしそうにうつむいた。
「そうかあ。大変なんだね。」
「うん……。」
じつは、十二月に入ってから、葵ちゃんとはほとんど話していない。
なんだか、葵ちゃんを取りまくふん囲気がピリピリしていて、近よりにくくて。
そうか、葵ちゃんには、（　A　）も（　B　）もないんだ。
悪いこと言っちゃったな……。

問一　（　A　）・（　B　）に適切な言葉を、それぞれ文中から書きぬきなさい（Aは五字・Bは三字）。（各10点）

A

B

問二　――①とありますが、このときの葵の気持ちを三十五字以内で書きなさい。（30点）

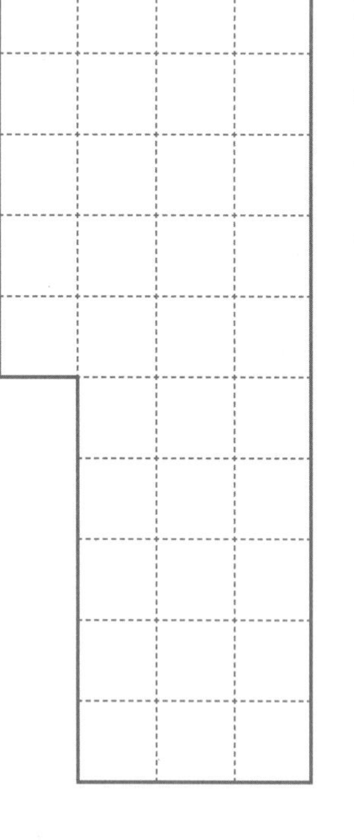

問三　――②はどのようなことを表しているのですか。適切なものを次の中から一つ選び、記号を○で囲みなさい。（15点）

学習日　　月　　日

得点　　／100点

気まずくなって、話を切り上げようとして、わたしは、あわてて言った。
「じゃあ、勉強、がんばってね！」
そのしゅん間、葵ちゃんの顔から表情が消えた。
あ！
しまった、と思ったときには、もうおそかった。
「わたし、もうじゅうぶんがんばってるよ。」
葵ちゃんの青ざめた顔は、①今にも、泣き出しそうだった。
「わたし、もう、これ以上、がんばれない。」
ごうっと頭の中で、風が鳴った。
六年生になって、やっと話せるようになって、②少しずつ、ふたりで積み上げてきた砂の塔が、今、風にふき飛ばされて、あっという間に消えていくような気がした。
「それじゃ、塾に行くね。」
葵ちゃんは、そう言って、わたしに背中を向けると、足早に教室を出ていった。
わたし、その場にこおりつく。
そんなつもりは、なかったのに、③わたし、葵ちゃんをきずつけちゃったんだ……。
体がふるえる。
どうしよう。
わたし、取り返しのつかないことを言っちゃったんじゃ……。
さっきまでの楽しい気持ちが、④またたく間にシャボン玉みたいに、はじけて消えた。

小林深雪『やっぱりきらいじゃないよ――泣いちゃいそうだよ――』（講談社刊）

ア　葵が毎日塾に行って、中学受験のために続けている学習の成果がすべてむだになってしまうということ。
イ　葵と仲よくなってから、じょじょにふたりの間ではぐくんできた友情がこわれてしまうということ。
ウ　葵といっしょに、苦労して砂の塔を作ったときの楽しい思い出がうそになってしまうということ。
エ　葵と仲よくなってから、今までに話したふたりの楽しい会話の記録が消えてしまうということ。

問四　――③とありますが、「わたし」が葵をきずつけることになった言葉を文中からさがし、初めの五字を書きぬきなさい（句読点も字数にふくむ。ただしかぎかっこは字数にふくまない）。（20点）

問五　――④とありますが、そのときの「わたし」の様子として適切なものを次の中から一つ選び、記号を○で囲みなさい。（15点）

ア　葵がなぜきずついたのかがわからないので、どうやって謝ればよいのかわからずこまっている。
イ　どうしても葵と水月と遊びたかったので、どうしたら遊べるようになるか考えている。
ウ　せっかく楽しい予定になるはずだったのに、葵に断られたのでふてくされている。
エ　葵をきずつけてしまったことに気づいたが、どうしたらよいのかわからずとまどっている。

答えは『答えと考え方』

第9回

漢字・言葉の学習⑤

国語

学習日　　月　　日

得点　　／100点

問一 次の(1)〜(5)の文の「れる」「られる」の意味をあとの**ア**〜**ウ**から一つずつ選び、（　）に記号を書きなさい。（各4点）

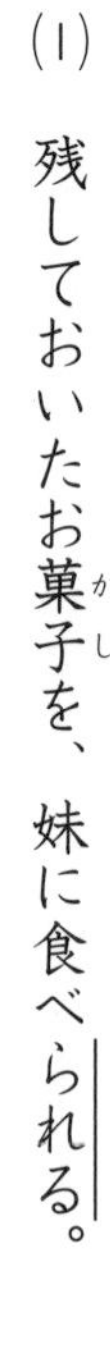

(1) 残しておいたお菓子(かし)を、妹に食べられる。（　　）

(2) 先生が黒板に字を書かれる。（　　）

(3) おこられても、泣かないでいられる。（　　）

(4) 書いていた手紙を、兄に読まれる。（　　）

(5) 先生の質問(しつもん)に、正しく答えられる。（　　）

ア 他の人やものから動作を受けるという意味（受け身）。

イ 「〜できる」という意味（可能(かのう)）。

ウ 「〜なさる」「お〜になる」という意味（尊敬(そんけい)）。

問二 次の(1)・(2)の――のカタカナと同じ漢字を使うものを**ア**〜**エ**から一つずつ選び、記号を○で囲みなさい。（各5点）

(1) 小学生を対ショウとする本を買う。

ア 部屋のショウ明が暗い。

イ 印ショウに残る場面。

ウ 食べ物を胃(い)でショウ化する。

エ 校歌を合ショウする。

(2) 先生のハン断にしたがう。

ア 図工の授業(じゅぎょう)でハン画を制作(せいさく)する。

イ にげるハン人を追いかける。

ウ 夕(ゆう)ハンの準備(じゅんび)を手伝う。

エ ハン定の結果、相手の勝ちとなった。

同じ読みをもつ漢字の問題だよ。漢字の使い分けに気をつけようね。

問三　次の(1)〜(5)の――の接続語に注意して、あとに続く文を考えて書きなさい。（各6点）

(1) 家の引っこしが決まった。そのため、

［　　　　　］

(2) 勇気を出して、友達にあやまった。けれども、

［　　　　　］

(3) きっとかれが優勝するだろう。なぜなら、

［　　　　　］

(4) 姉はとても美人でやさしく、そのうえ、

［　　　　　］

(5) おやつのクッキーを食べようとした。しかし、

［　　　　　］

問四　次の(1)〜(4)の読み方をする漢字を、それぞれ□に書きなさい。（各5点）

(1)
液体から□（こ）体になる。
一人一人の□（こ）性を大切にする。

(2)
百科事典を読んで、知□（しき）を増やす。
□（しょく）員室のドアをノックする。

(3)
ものさしで、円の直□（けい）を測る。
あっという間に一時間が□（けい）過する。

(4)
ふるさとの自□（ぜん）を守る。
ほのおを上げて、ごみが□（ねん）焼する。

答えは『答えと考え方』

第10回

説明文の読み取り③

学習日　月　日

得点　/100点

次の文章を読んで、あとの問いに答えなさい。

きょうりゅうというと、そのすがたからトカゲやワニが生きのこりと思われますし、かってはそう考える学者もいました。しかしいまは研究がすすみ、きょうりゅうとも鳥とも見えるような生物の化石も見つかって、きょうりゅうの子孫は鳥だということが明らかになっています。

さて、この鳥ですが、歩くために手にいれた前足、ヒトでいう手を、思いきり変化させてしまいました。

それは、歩くことより、飛ぶことのほうが鳥にとってつごうがよかったからです。さて、よかったわけはなんでしょう。

鳥は、前足が変化した（　Ａ　）で空を飛ぶことで、陸の上を歩くより敵も少なく、おそわれることもへったはずです。えさも高い木の上のこん虫や実を食べたり、小動物を空からねらったりもできたでしょう。このように①飛べることは、鳥には大きな利点となりました。

生き物にとって、いちばん大切なことは、子孫をふやし生きつづけることです。ほかのなかまより生きのこることに体の形がつごうよく変化したものだけが、子孫をふやすことができ、そのX体の変化も受けつがれていくのです。これが進化の仕組みです。

それではここで、鳥にとって、幸運をさずけてくれたつばさを、

問一　（　Ａ　）に適切な言葉を文中から三字で書きぬきなさい。（10点）

問二　――①とありますが、鳥が飛べることの利点として問題文には書かれていないものを次の中から一つ選び、記号を○で囲みなさい。（15点）

ア　空には敵が少なく、おそわれることがへった。
イ　小動物を空からねらうことができるようになった。
ウ　歩くよりも速く移動できるようになった。
エ　高い木の上のこん虫や実を食べられるようになった。

ヒトの手と見くらべてみましょう。
　イラストは、ヒトのかたからひじまでと、ひじから手首までのほねを細長くのばした形になっています。鳥のほねはまるで折れまがったぼうのようで、手にあたる部分には指もなごりほどしかありません。物をつかむ働きは、すっかり失われています。②その役目は後ろ足やかたいくちばしが、かわりに引き受けています。

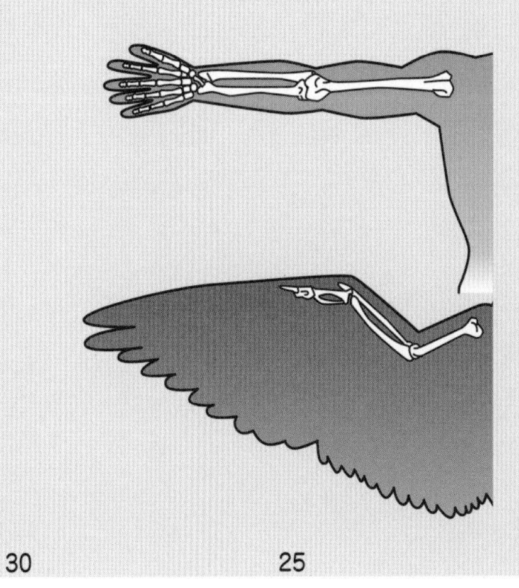

　でも③ほねだけを見ると、これで鳥が空を飛べるとは、とても思えません。しかし、鳥は、前足をつばさへと形を変える間にすばらしいものを手にいれているのです。羽毛（うもう）です。羽毛はほねではなく、かみの毛やつめと同じ、ケラチンというタンパク質（しつ）のなかまでできています。これを前足のまわりに生やすことで、風を切り、空にうかぶ力、よう力（りょく）を得て、空を飛んでいるのです。
　さらに飛ぶためには、体の重みもへらさなくてはなりません。前足のほかの部分もほねの数を少なくすることで、動かすための筋肉（きんにく）をへらし、体重をかるくしています。ほねのなかにあなをあけ、ほねじたいもかるくなっています。
　でも歩くこともあきらめませんでした。ヒトと同じように、後ろ足をつかって地上ではなんとか二足歩行をしています。
　しかし、せっかく飛べるようになったのに、空を手放してしまった鳥たちもいます。
　その理由は、やはり生きのこり、（　B　）ためです。

20　25　30　35　40　45

問三　――②、「その役目」とはどのようなものですか。文中から七字で書きぬきなさい。（10点）

問四　――③とありますが、鳥が空を飛べるようになった仕組みについて説明した次の文の（　a　）・（　b　）に適切な言葉を、文中からそれぞれ書きぬきなさい（aは二字・bは六字）。（各10点）
（　a　）を前足のまわりに生やすことで、（　b　）、空を飛んでいる。

a

b

問五　（　B　）に適切な言葉を文中から六字で書きぬきなさい。（10点）

その例として、ペンギンをあげておきましょう。
④ペンギンは、ごぞんじのように空を飛びませんが、とても泳ぎがじょうずです。空から海にもぐって、魚をとるより、泳ぎがうまくなったほうが、魚をより多くつかまえられるからでしょう。
ペンギンのつばさのほねは、ぼうからもっと平たく変化して、船のオールに似(に)た形をしています。もちろん水をかくのにつごうのよい形なのです。
りっぱな羽毛も泳ぐにはじゃまなので、短く、こまかくなってしまいました。
ペンギンは空をすててしまいましたが、せぼねのある生き物で、鳥いがいにつばさをはばたいて空を飛ぶことを手にいれ、いまも生きつづけている動物のなかまがひとつだけあります。何かわかりますか。
それはコウモリです。
コウモリは鳥のなかまではありません。ヒトと同じように赤ちゃんで生まれてきて、親の出すちちを飲んで育つ、ほ乳類(にゅうるい)です。
そのつばさのほねは、やはり鳥にくらべ、同じほ乳類のヒトと似通ったところがありますよ。

山本省三(やまもとしょうぞう)『ヒトの親指はエライ!』(講談社(こうだんしゃ)刊)

問六 ――④とありますが、ペンギンが空を手放して泳ぎがじょうずになった理由として適切なものを次の中から一つ選び、記号を○で囲みなさい。(15点)

ア 筋肉やほねが重く、空を飛ぶのには向かない体型をしているから。

イ もともと鳥のなかまではなくほ乳類なので、空を飛べないから。

ウ 泳ぎがうまくなって海でくらすほうが、魚をより多くつかまえられるから。

エ 海の中のほうが敵はいないので、生き残るためにつごうがよいから。

問七 ――Xとありますが、ペンギンの体はどのように変化したのですか。文中の言葉を用いて三十五字以内で具体的に書きなさい。(20点)

答えは『答えと考え方』

第11回

物語の読み取り ③

学習日　　月　　日

得点　　／100点

次の文章を読んで、あとの問いに答えなさい。

> 拓の所属する亀が丘中学校の男子卓球部は、新人戦にいどんでいる。拓の出番がやってくるが、拓はきん張のために思うような試合ができない。

コートを交たいした時、ふと、背後のコートが目に入った。ちょうど、亀中女子が試合をしている。亜美が、一年生でただ一人のレギュラーとして、戦っていた。

バシッと、相手の強れつなスマッシュが亜美の台に決まった。球はぽーんと飛んでゆかにワンバウンドし、フェンスをこえて、拓の足もとまで転がってきた。

「ドンマイッ」

亜美はくやしそうに声を上げ、球拾いに走ってきた。フェンスのところまでやってきて、球を拾ってもらおうと「すみませんっ」と声を出した。

拓は足もとの球を拾った。

「（　A　）」

拓に気づいて、亜美は声を上げた。

「ありがとっ」

拓が球を投げ返すと、亜美は片手でキャッチした。

5　10　15

問一　（　A　）～（　C　）に適切な言葉を次のア～ウからそれぞれ選び、記号を書きなさい（同じ記号は二回使わないこと）。（各5点）

ア　絶対、負けないっ
イ　あ、拓
ウ　がんばっ

A（　　）　B（　　）
C（　　）

問二　――①とありますが、なぜ拓はそう思ったのですか。文中の言葉を用いて三十字以内で書きなさい。（20点）

拓は、亜美に声をかけた。
「（ B ）」
「（ C ）」
亜美が球をぎゅっとにぎって、拓を見た。真けんな目をしていた。亜美はくるっと背を向けると、コートに走りもどった。
「さあっ」と、大きなかけ声を出し、サーブの構えをとった。
亜美の試合の得点板に目をやった。三―九、大差で亜美は苦戦している。すでに一、二セット落としているから、後がない。
①かなり強い相手らしい。
（「絶対、負けない」って……。もう負けそうなのに）
拓は亜美の後ろすがたを見つめた。「絶対、負けない」というのは、亜美の口ぐせだ。よくそう言う。
拓が見ている中で、亜美はサーブからの三球目こうげきを決めて、「よっしゃあっ」と声を上げた。亀中女子のベンチがわいた。四―九。負けているのは亜美の方なのに、相手以上に勢いがあった。
②拓の目に、亜美の背中の「藤本」というゼッケンが急に大きく見えだした。
（本気なんだ……）
（ D ）なんかじゃなく、あいつ、本気で負けないって思っている。ほんとうに負けてしまうまでは、絶対負けないと、本気で思っているのかもしれない。いや、負けても、次こそと思って「負けないっ」と言ってくるのが、亜美だった。
（亜美は、自分を信じて戦ってるんだ）と、思った。
（自分を信じるって、本気になることなのかも……）
亜美の戦うすがたを見ていくうちに、拓は、③いまの自分が情けないと感じた。相手のカットにびびって、ドライブをやめ、ツッ

問三 ――②とありますが、その理由について説明した次の文の（　）に適切な言葉を、文中から十一字で書きぬきなさい。（10点）

（　）なのに、相手以上の勢いで戦っている亜美の気はくが伝わってきたから。

問四 （ D ）に適切な言葉を文中から三字で書きぬきなさい。（10点）

問五 ――③、「いまの自分」について具体的に書かれている部分を文中から四十九字でさがし、最初と最後の五字を書きぬきなさい。（両方できて10点）

最初

最後

ツキで相手のミスを待つような試合をしてしまっている自分は、自分を信じているとは言えないと思った。

(これまでやってきたことを思い出せ)

拓はラケットをぐっと、にぎり直した。 45

(自分を信じて、自分の卓球をやる)

コートにつくと、拓はサーブの構えをとった。すっと、息をすいながら、球を高く投げ上げる。まっすぐにはらの前に落下してきた球を、ふりこのようにふり下ろしたラケットでくいっとこする。手首は複雑(ふくざつ)にふりもどしてカモフラージュした。これまで練習を重ねてきたマジシャンサーブ。④きん張感の中、なかなか出せなかったそのサーブを、いま、ためらうことなく出せた。 50

横沢彰(よこさわあきら)『あこがれ卓球部!』(新日本出版社刊(しんにほんしゅっぱんしゃかん))

問六 ――④とありますが、なぜですか。「亜美」「自分」の二語を用いて書きなさい。(20点)

問七 亜美の性格(せいかく)についての説明として適切なものを次の中から一つ選び、記号を○で囲みなさい。(15点)

ア 負けずぎらいで、どんなときも自分の負けをみとめようとしない性格。

イ 周りの人と打ちとけず、自分の力だけをたよりに物事を進める性格。

ウ いったん思いこむと、周りの人の忠告(ちゅうこく)が耳に入らなくなる性格。

エ 不利な状態(じょうたい)でもあきらめず、力を精(せい)いっぱい出そうとする性格。

答えは『答えと考え方』

❸ 工業がさかんな地域を示した右の地図を見て，あとの問いに答えなさい。（60点）

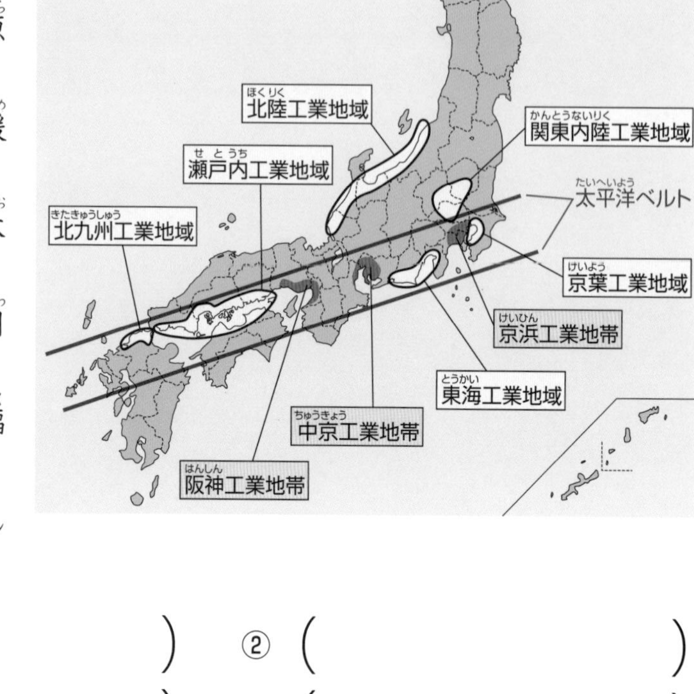

(1) 次の①〜⑥の都市がふくまれる工業地帯・工業地域を，地図から選んで書きなさい。（各5点）

① 石油工場が立ちならぶ千葉県市原市

② タオルが特産品になっている愛媛県今治市

③ 高い技術をもつ中小工場がある大阪府東大阪市

④ 大規模な製鉄所がある神奈川県川崎市

⑤ めがねわくの生産額が日本一の福井県鯖江市

⑥ 自動車工場や関連工場がたくさんある愛知県豊田市

①（　　　　　　）②（　　　　　　）

③（　　　　　　）④（　　　　　　）

⑤（　　　　　　）⑥（　　　　　　）

(2) 日本の工業の発展を，交通との関連で説明した次の文章の（　①　）・（　②　）にあてはまる乗り物をそれぞれ書きなさい。（各10点）

島国の日本では，海外から原料を輸入したり，海外に製品を輸出したりするとき，主に（　①　）を使います。そのため，多くの工業地帯・工業地域は，太平洋ベルトなどの海沿いに広がっています。一方，内陸県に広がる関東内陸工業地域は，高速道路の整備とともに発展しました。主に（　②　）を使って製品の輸送をしています。

①（　　　　　　）②（　　　　　　）

(3) 自動車工業では，燃料の消費が少ないハイブリッドカーが開発されました。燃料の消費が少ないと，どのような環境問題の解決に役立つか書きなさい。（10点）

（　　　　　　）

答えは『答えと考え方』

社会

学習日　月　日

得点　/100点

第3回　工業と情報化社会

❶ 情報化社会について，あとの問いに答えなさい。(30点)

(1) 情報を送る方法のことをメディアといい，その中でも多くの人に対し同じ情報を送ることができるものをマスメディアといいます。次の表の①〜④にあてはまるマスメディアを，下のア〜エの中からそれぞれ1つ選び，記号を書きなさい。(各5点)

	情報のかたち				特徴
	文字	画像	音声	映像	
①	○	○	○	○	だれでも情報を発信・受信できるので，地域の医療や災害対策にも役立てられている。
②	○	○	○	○	地上デジタル放送によって，映像がきれいになり，字幕をつけられるようになった。
③	○	○	×	×	決まった時間に家庭にとどけられ，必要な情報を切りぬいて保存することができる。
④	×	×	○	×	電池で動く機械で情報を受信できるので，災害のときに便利である。

ア　インターネット　　**イ**　新聞　　**ウ**　テレビ　　**エ**　ラジオ

①(　　)　②(　　)　③(　　)　④(　　)

(2) 地震が起こったときに発信される緊急地震速報は，携帯電話やスマートフォンでも受信することができます。それらで受信できることによる良い点を説明しなさい。(10点)

(　　　　　　　　　　　　　　　　　　　　　　)

❷ 工業とは，ものの形や性質を変えて，人の役に立つ製品を生み出す仕事のことです。工業にふくまれない仕事を，次のア〜エの中から1つ選び，記号を書きなさい。(10点)

ア　アフリカのめずらしい工芸品を輸入し，販売する。
イ　回収された古新聞を原料に，トイレットペーパーを作る。
ウ　さとうきびをしぼったり，煮つめたりして，砂糖を作る。
エ　昔ながらの手作業で木をけずるなどして，こけしを作る。

(　　)

社会

2 水産業について，あとの問いに答えなさい。（30 点）

（1）右の表は，かつお類の漁獲量が多い上位5都道府県を示しています。かつお類の漁獲量が多い都道府県に共通する特徴を説明しなさい。（20 点）

都道府県	かつお類の漁獲量
静岡県	72093 t
東京都	29940 t
三重県	27207 t
高知県	20113 t
宮城県	16429 t
全国計	240051 t

2016年　農林水産省

［　　　　　　　　　　　　］

（2）水産業に関係する人は，水産資源の保護にも気をつけています。それに関する文としてまちがっているものを，次の**ア**～**エ**の中から１つ選び，記号を書きなさい。（10 点）

ア　漁業では，とらえた魚が小さすぎる場合，海ににがすこともある。

イ　山の自然は，水産業に関係がないので，重視されていない。

ウ　養しょく業では，えさや薬のやりすぎで自然をよごさないよう気をつけている。

エ　栽培漁業は，稚魚を放流するため，魚の数が減りにくくなる効果もある。

（　　　）

社会

3 食料生産について，あとの問いに答えなさい。（30 点）

（1）右のグラフを見て，グラフにある品目のうち，日本が輸入にたよっている割合が高いもの上位２つを書きなさい。（各５点）

（　　　　　　）

（　　　　　　）

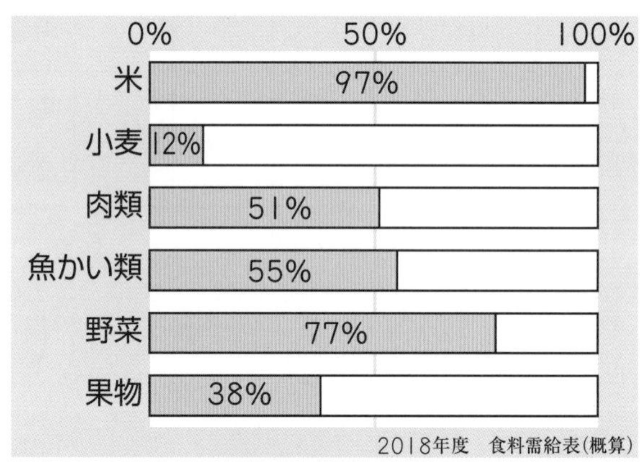

日本の食料自給率

（2）次の表は日本の農業についての統計であり，日本の農業のきびしい状況が見てとれます。一方，農業で働く人の努力や工夫の結果も読み取ることができます。努力や工夫の結果がどのように表れているか説明しなさい。（20 点）

年	農業総生産額	農業就業人口
1990 年	11.5 兆円	482 万人
2018 年	9.1 兆円	175 万人

農林水産省

［　　　　　　　　　　　　］

答えは『答えと考え方』

第2回　日本の食料生産

学習日　　月　　日

得点　　　／100点

1 米作りに関する次の文章を読んで，あとの問いに答えなさい。（40点）

> 米作りがさかんな地域は，北海道や東北地方，関東地方，A中部地方です。稲は，もともとあたたかい地域の作物でしたが，（　B　）によってすずしい地域でも育てることができるようになりました。なえは寒さに弱いので，（　C　）の中で育てます。Dほ場整備などの効果で楽に農作業を進められるようになったことや，（　B　）によって，米の生産量は大きく増えましたが，米があまることにもつながりました。

（1）―――Aについて，中部地方の9県のうち，米の生産量が多い上位3県を正しく示した地図を，次の**ア**～**ウ**の中から1つ選び，記号を書きなさい。（10点）

ア

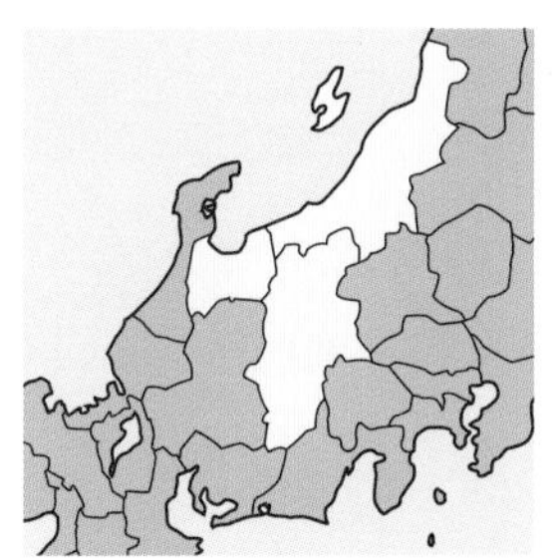

イ

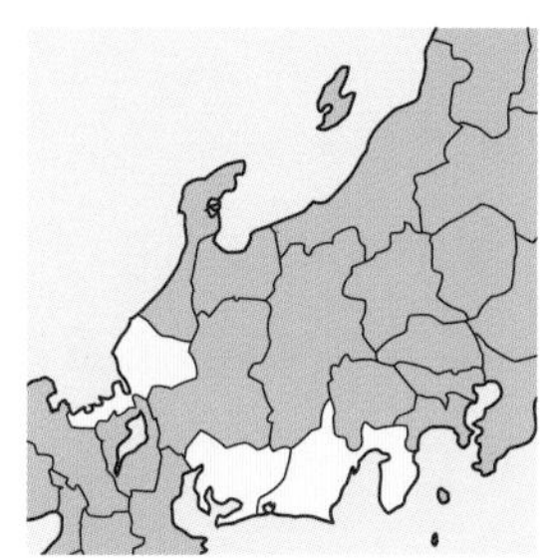

ウ

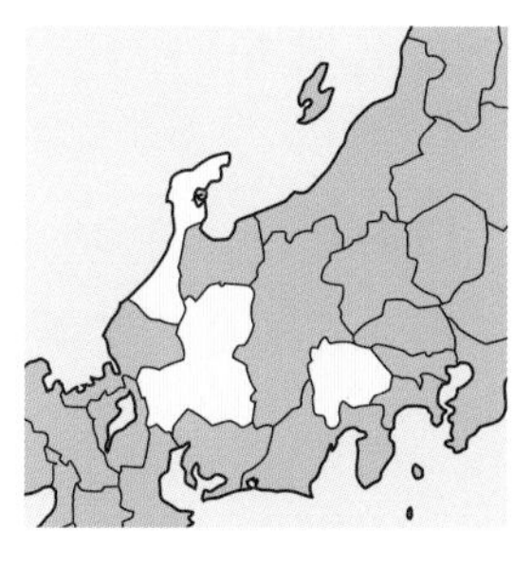

（　　　）

（2）文章中の（　B　）・（　C　）にあてはまる言葉の正しい組み合わせを，次の**ア**～**エ**の中から1つ選び，記号を書きなさい。ただし，2か所の（　B　）には同じ言葉があてはまります。（10点）

ア　B…品種改良　　C…ビニールハウス
イ　B…品種改良　　C…カントリーエレベーター
ウ　B…有機肥料　　C…ビニールハウス
エ　B…有機肥料　　C…カントリーエレベーター

（　　　）

（3）―――Dについて，右の図を見て，ほ場整備の目的と，ほ場整備で具体的に行ったことを説明しなさい。（20点）

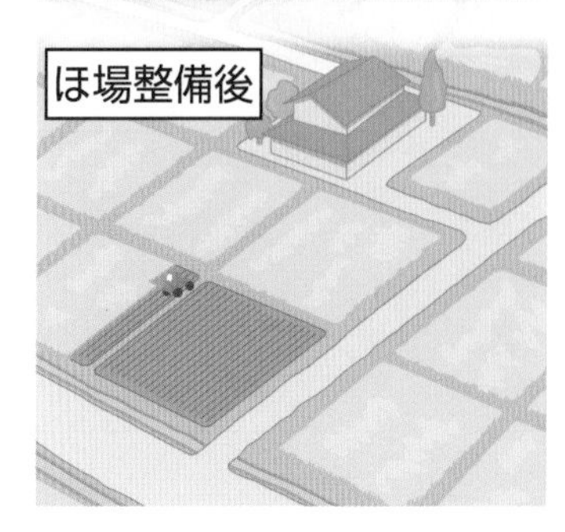

［　　　　　　　　　　　　　　　　］

(3) Cの島の気候について説明した次の文章中の（　①　）～（　⑤　）にあてはまる言葉を，下の□の中からそれぞれ１つ選び，書きなさい。（各５点）

> Cの島の気候は，ほぼ同じ（　①　）に位置する（　②　）県仙台市と比べて，気温が高いという特徴があります。その理由は，暖流である（　③　）がCの島の近くを流れている一方，寒流である（　④　）が仙台市の沖を流れているからです。また，Cの島は，北西の（　⑤　）のえいきょうで冬の降水量が多くなっています。

緯度　経度　茨城　宮城　親潮　黒潮　対馬海流　季節風　つゆ

①（　　　　　　）　②（　　　　　　）

③（　　　　　　）　④（　　　　　　）

⑤（　　　　　　）

(4) Dの島は，海峡をはさんですぐ近くにある「ある国」との交流がさかんで，「ある国」からたくさんの観光客がやってきます。「ある国」の名前を書きなさい。（10点）

（　　　　　　）

(5) Eの島には，世界遺産の自然遺産に登録された豊かな森林があります。森林の役割について説明した次の①～③の文に関係の深い言葉を，下のア～エの中からそれぞれ１つ選び，記号を書きなさい。（各５点）

① 雨水をたくわえて，洪水や山くずれを防ぐ。
② 空気から二酸化炭素を吸収し，酸素を増やす。
③ 強い風や，雪，砂などを受け止める。

ア　間ばつ　**イ**　地球温暖化　**ウ**　防風林　**エ**　緑のダム

①（　　）　②（　　）　③（　　）

(6) Fの島は，日本で最も西にある島です。島の名前と，島がある県の名前をそれぞれ書きなさい。（各10点）

島（　　　　　　）　**県**（　　　　　　）

答えは『答えと考え方』

第1回　日本の国土と環境

学習日　　月　　日

得点　　　　／100点

❶ 次の地図を見て，あとの問いに答えなさい。（100点）

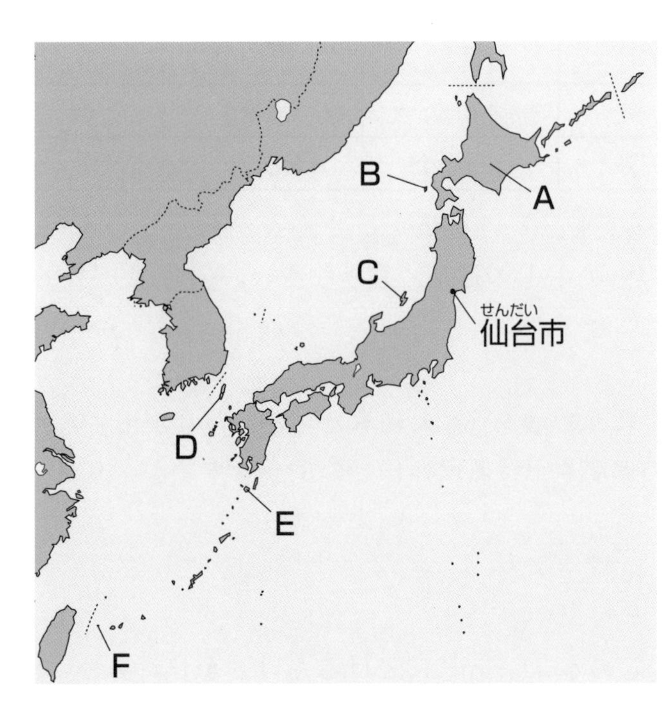

（1）Aの島や，そこでのくらしについて説明した文として正しいものを，次の**ア**～**エ**の中から１つ選び，記号を書きなさい。（10点）

ア　日本で２番目に広い島で，きびしい寒さに備えてまどを二重にした家がある。
イ　日本で２番目に広い島で，さとうきびやパイナップルの栽培がさかんである。
ウ　日本で３番目に広い島で，きびしい寒さに備えてまどを二重にした家がある。
エ　日本で３番目に広い島で，さとうきびやパイナップルの栽培がさかんである。

（　　　）

（2）Bの島は，1993年に津波で大きな被害を受けました。津波に関する文として正しいものを，次の**ア**～**エ**の中から２つ選び，記号を書きなさい。（各10点）

ア　気象庁は，大きな津波が発生する危険があるとき，津波警報などを発表する。
イ　津波対策として，海の近くに住む人は，身近な避難所への道を調べておくとよい。
ウ　津波は，大きな台風などの別の災害とともに発生することが多い。
エ　防災訓練をしても，実際の津波とはことなるので，あまり意味がない。

（　　　）（　　　）

2 次の表は，水 50mL にとける食塩・ミョウバン・ホウ酸(さん)の量を表しています。次の問いに答えなさい。(50点)

水の温度	食塩	ミョウバン	ホウ酸
10℃	17.9g	3.8g	1.8g
20℃	17.9g	5.7g	2.4g
30℃	18.0g	8.3g	3.4g
40℃	18.2g	11.9g	4.4g
50℃	18.3g	18.2g	5.7g
60℃	18.5g	28.7g	7.4g

(1) 水の温度がかわっても，とける量がほとんどかわらないものを「食塩」・「ミョウバン」・「ホウ酸」の中から１つ選び，書きなさい。(10点)

(　　　　　　　)

(2) 40℃の水 50mL にホウ酸を 5g 入れると，とけ残りが出ました。このホウ酸をすべてとかすには，水の温度を上げる以外にどのような方法がありますか。書きなさい。(10点)

(　　　　　　　　　　　　　　　　　　　)

(3) ミョウバンを 40℃の水 100mL にとけるだけとかしたあと，水の温度を 10℃まで下げると，とけきれなくなったミョウバンが出てきました。出てきたミョウバンは何 g ですか。書きなさい。(10点)

(　　　　　　g)

(4) (3)で出てきたミョウバンを右の図のようにしてとり出しました。このようにろ紙(し)でこすことを何といいますか。書きなさい。(10点)

(　　　　　　　)

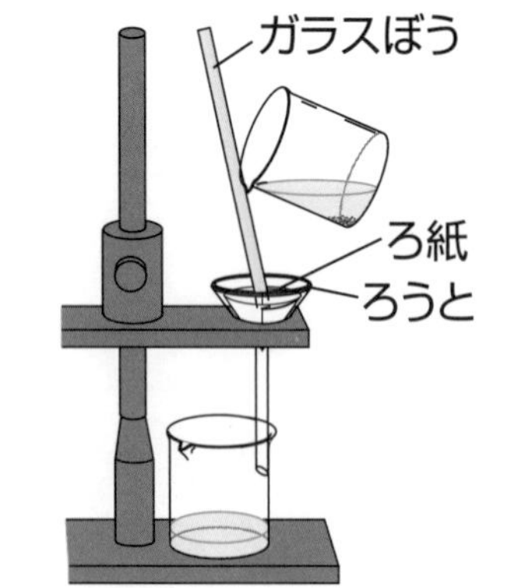

(5) (4)で，ろ紙でこしたあとのビーカーにたまった液(えき)を少しじょう発皿(はつざら)に入れて熱し，水が完全にじょう発する前に火を止め，あとは自然にかんそうさせました。このとき，じょう発皿のようすとして正しいものを次の**ア**～**ウ**の中から１つ選び，記号を書きなさい。(10点)

ア　ミョウバンが残る。

イ　ミョウバンとは別のものが残る。

ウ　何も残らない。

(　　)

答えは『答えと考え方』

第3回 電流のはたらき／もののとけ方

学習日　月　日

得点　／100点

1 電磁石について，次の問いに答えなさい。(50点)

(1) 図１のように，かん電池１個，200回まきのコイル，鉄くぎ，スイッチを組み合わせて電磁石を作り，電流を流すと，鉄くぎにクリップが引きつけられました。スイッチを切ると，クリップはどうなりますか。次の**ア**～**ウ**の中から１つ選び，記号を書きなさい。(10点)

ア　鉄くぎにクリップがついたままはなれない。

イ　鉄くぎについたクリップの半分がはなれる。

ウ　鉄くぎからクリップがすべてはなれる。

図１

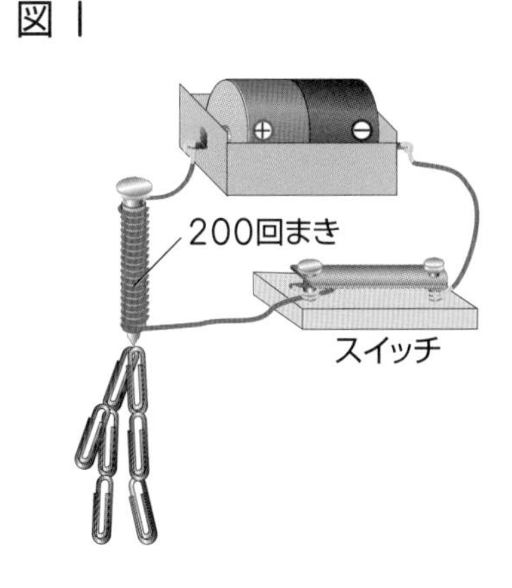

(2) 図１のかん電池を２個に増やして直列つなぎにすると，電磁石の強さはどのように変化しますか。次の**ア**～**ウ**の中から１つ選び，記号を書きなさい。(10点)

ア　強くなる　　**イ**　弱くなる　　**ウ**　かわらない

(　　　)

(3) 図１のコイルのまき数を100回まきにかえると，電磁石の強さはどのように変化しますか。(2)の**ア**～**ウ**の中から１つ選び，記号を書きなさい。(10点)

(　　　)

(4) 図２のように方位磁針を電磁石の横に置くと，方位磁針のＮ極は西を指しました。このとき，電磁石のＳ極は図２の**Ａ**・**Ｂ**のどちら側だと考えられますか。**Ａ**・**Ｂ**のどちらかを書きなさい。(10点)

(　　　)

図２

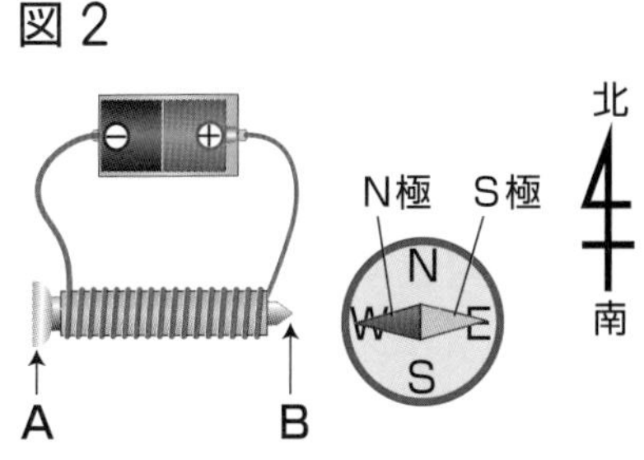

(5) 図２のかん電池の＋極と－極を逆にしてつなぐと，方位磁針のＮ極はどの方角を指しますか。次の**ア**～**エ**の中から１つ選び，記号を書きなさい。(10点)

ア　東　　**イ**　西　　**ウ**　南　　**エ**　北

(　　　)

(2) ある日，空を見上げると，空全体の３分の２が雲におおわれて，雨はふっていませんでした。このときの天気としてあてはまるものを次の**ア**・**イ**のどちらかから選び，記号を書きなさい。(10点)

ア 晴れ　**イ** くもり

(　　)

(3) 台風について書かれた次の文章の（ **A** ）～（ **D** ）にあてはまるものを，下の**ア**～**カ**の中からそれぞれ１つずつ選び，記号を書きなさい。(各５点)

> 日本に近づく台風は，日本のはるか（ **A** ）の海で発生し，日本に近づくころには東のほうへ向かって動き，そのあと（ **B** ）のほうへ向かって動いたり，引き続き東のほうへ向かって動いたりすることが多いです。台風はおもに（ **C** ）にかけて日本に近づきます。台風が近づくと雨量が増え，強い風がふき，災害をもたらすことがあるので，（ **D** ）とよいでしょう。

ア 南　**イ** 北　**ウ** 春から夏　**エ** 夏から秋

オ 近くの川にようすを見に行く　**カ** 情報を集めてはやめに対策をたてる

A (　　)　B (　　)　C (　　)　D (　　)

3 ふりこについて，次の問いに答えなさい。(30点)

図１

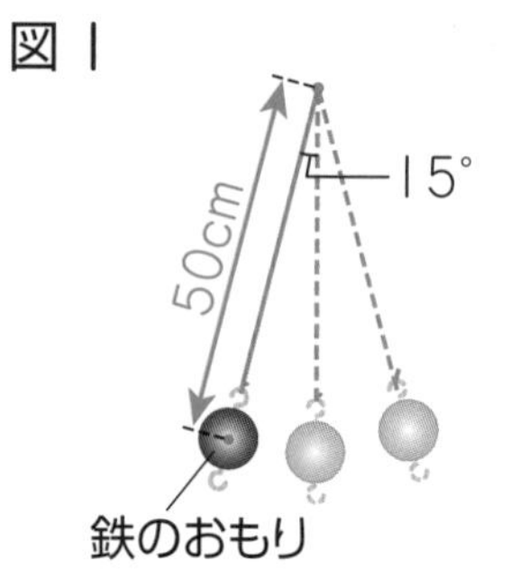

(1) 図１のようにふりこの長さが50cmで，ふれはばが15°でふれているふりこがあります。ふれはばをかえずに，鉄のおもりを同じ大きさの木のおもりにかえると，ふりこが１往復するのにかかる時間はどうなりますか。次の**ア**～**ウ**の中から１つ選び，記号を書きなさい。(10点)

ア 長くなる　**イ** 短くなる　**ウ** かわらない

(　　)

図２

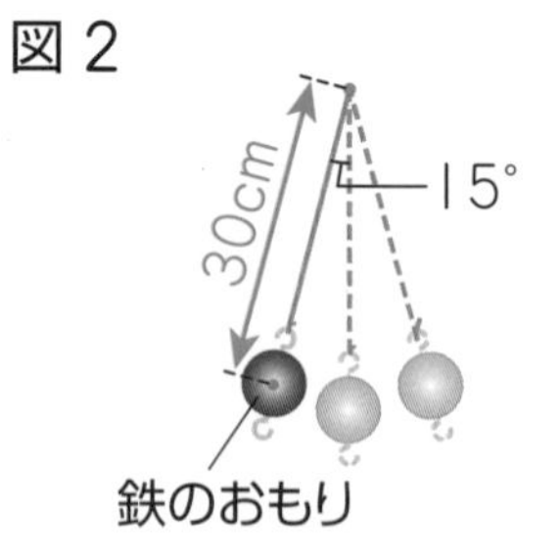

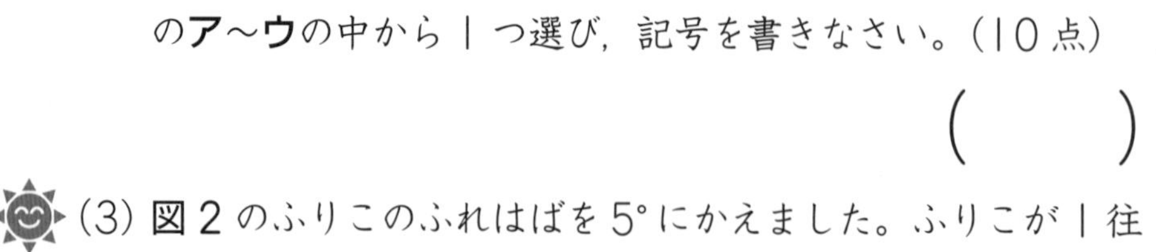

(2) 図２のように，図１のふりこの長さを30cmにかえました。ふりこが１往復するのにかかる時間はどうなりますか。(1)の**ア**～**ウ**の中から１つ選び，記号を書きなさい。(10点)

(　　)

(3) 図２のふりこのふれはばを5°にかえました。ふりこが１往復するのにかかる時間はどうなりますか。(1)の**ア**～**ウ**の中から１つ選び，記号を書きなさい。(10点)

(　　)

答えは『答えと考え方』

第2回 流れる水のはたらき／天気／ふりこ

学習日　月　日

得点　／100点

1 川について，次の問いに答えなさい。(30点)

(1) 右の図のように曲がっている川では，①，②のうち，どちらの場所のほうが水の流れが速いですか。番号を書きなさい。(10点)

(　　)

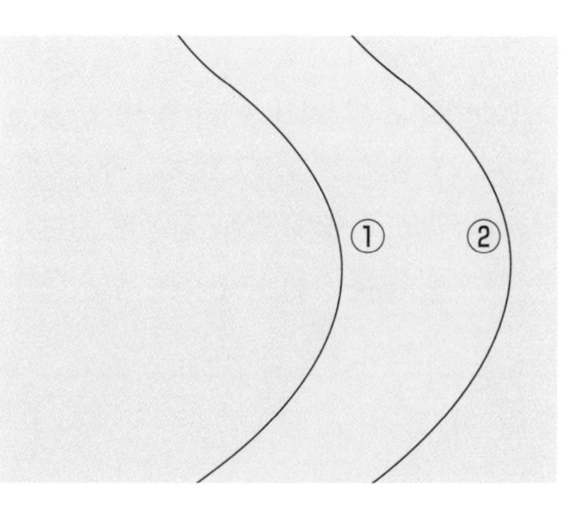

(2) 右の図の①，②のうち，どちらの場所のほうが深さが深いですか。番号を書きなさい。(10点)

(　　)

(3) 川について書かれた次の**ア**～**エ**の文の中から正しいものを2つ選び，記号を書きなさい。(各5点)

ア　上流は山の中に，下流は平地にそれぞれある。

イ　上流の石は大きくて丸みをおびているものが多く，下流の石は小さくて角ばっているものが多い。

ウ　上流よりも下流のほうが，水の流れが速い。

エ　大雨がふって川の水の量が増(ふ)えると，こう水(ずい)が起こることがある。

(　　)(　　)

2 天気について，次の問いに答えなさい。(40点)

(1) 次の**ア**・**イ**は，ある年の4月1日・2日のいずれかの日の正午の雲画像(くもがぞう)です。また，右の図が4月3日の正午の雲画像であることがわかっています。4月2日の雲画像と考えられるものを**ア**・**イ**のどちらかから選び，記号を書きなさい。(10点)

4月3日 正午

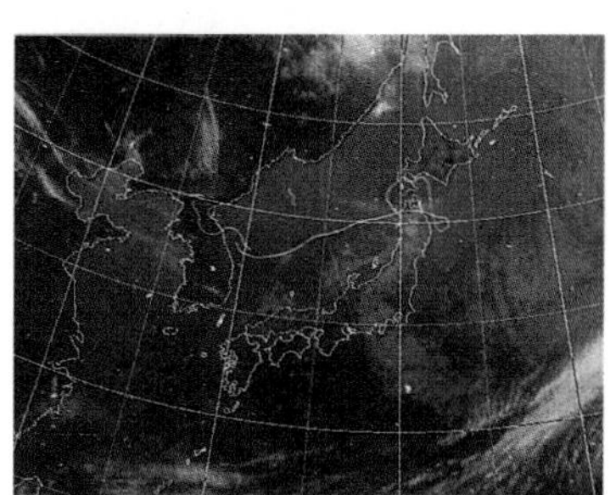

ア

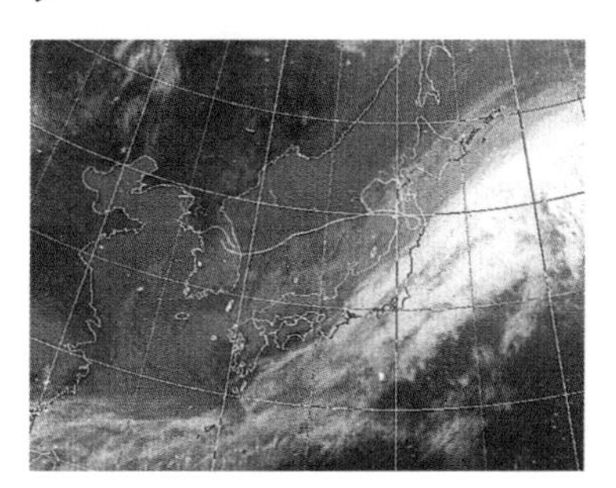

イ

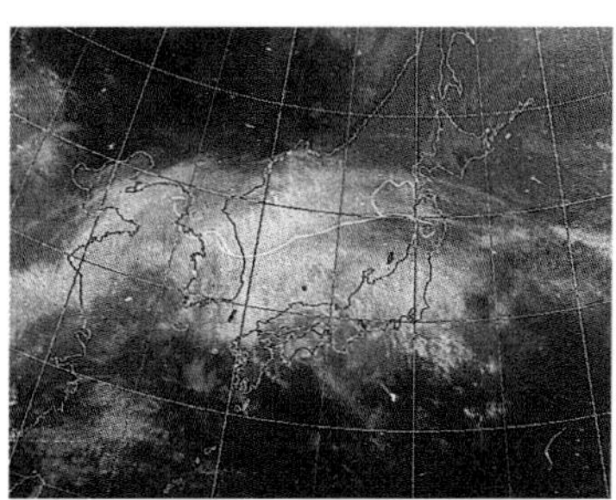

(　　)

❷ 人やメダカのたんじょうと成長について，次の問いに答えなさい。(50点)

図１

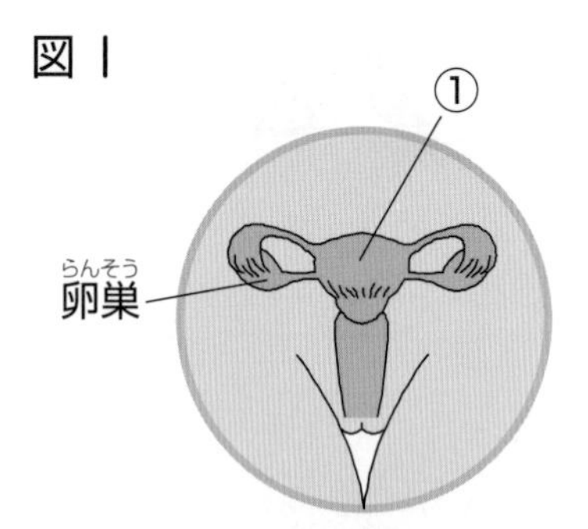

(1) 図１は人の女性のからだのある部分を表しており，①で受精卵が育っていきます。①の名前を書きなさい。

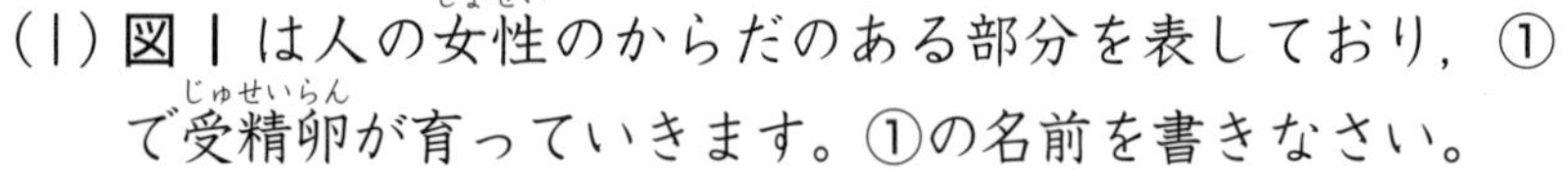

(10点)

(2) 図２は図１の①の中で大きくなった子ども（たい児）を表したものです。子どもは図２の②と③を通して母親から養分や酸素などをとり入れ，いらなくなったものを母親に返しています。②と③の名前をそれぞれ書きなさい。(各５点)

図２

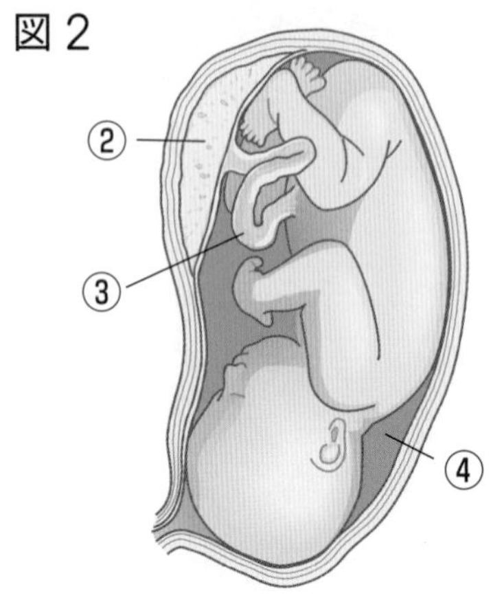

②（　　　　　　　　）
③（　　　　　　　　）

(3) 図２の④の部分には液体がふくまれていて，外からのしょうげきから子どもを守っています。この液体の名前を書きなさい。(10点)

（　　　　　　　　）

(4) 人の子どもについて書かれた次の**ア**～**エ**の文の中から正しいものを２つ選び，記号を書きなさい。(各５点)

ア　生まれる前は，からだの中に養分をたくわえている。
イ　受精後，約10週間で生まれる。
ウ　生まれたばかりのときの身長は約50cm，体重は約3kgである。
エ　生まれるとすぐにこきゅうを始める。

（　　）（　　）

(5) 次の**ア**～**ウ**の文の中から人とメダカのどちらにもあてはまるものを１つ選び，記号を書きなさい。(10点)

ア　親は子どもの世話をする。
イ　受精しないと卵が成長を始めない。
ウ　母親のからだの中で育ってから生まれる。

（　　）

理科

答えは『答えと考え方』

第1回 植物／人やメダカのたんじょう

学習日　月　日

得点　／100点

❶ 植物について，次の問いに答えなさい。（50点）

(1) インゲンマメが発芽したあとでよく成長するために必要な次の**ア**～**オ**のうち，インゲンマメの種子の発芽には必要でないものをすべて選び，記号を書きなさい。（10点）

ア 水　**イ** 日光　**ウ** 空気　**エ** 適当な温度　**オ** 肥料

（　　　　　　）

(2) 図1は，アサガオの花のつくりを表したものです。①～④の部分の名前を次の**ア**～**エ**の中からそれぞれ1つずつ選び，記号を書きなさい。（各5点）

ア おしべ　**イ** めしべ

ウ がく　**エ** 花びら

①（　　）②（　　）

③（　　）④（　　）

図1

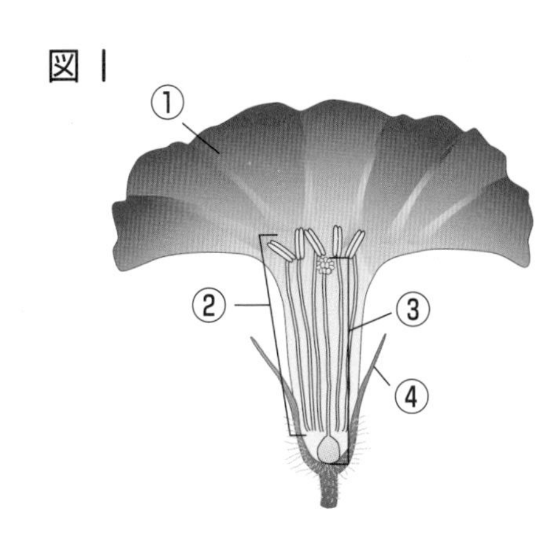

(3) 図2はヘチマのめばなとおばなを表しています。次の文の（ A ）～（ C ）にあてはまるものを図2の**ア**～**エ**の中からそれぞれ1つずつ選び，記号を書きなさい。（各5点）

（ A ）でできた花粉が（ B ）につくと，（ C ）が大きく成長して，実になります。

A（　　）

B（　　）

C（　　）

図2

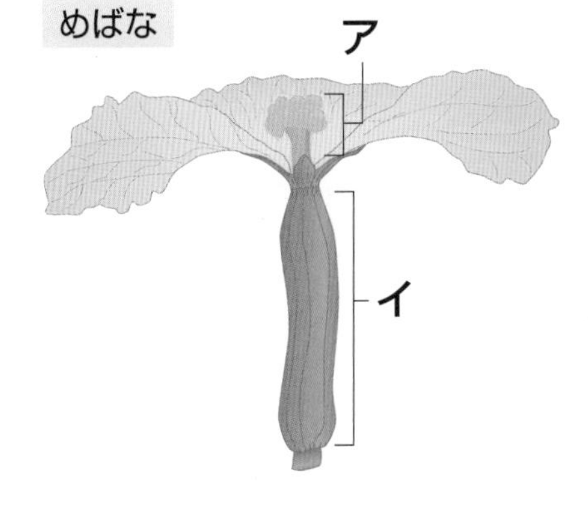

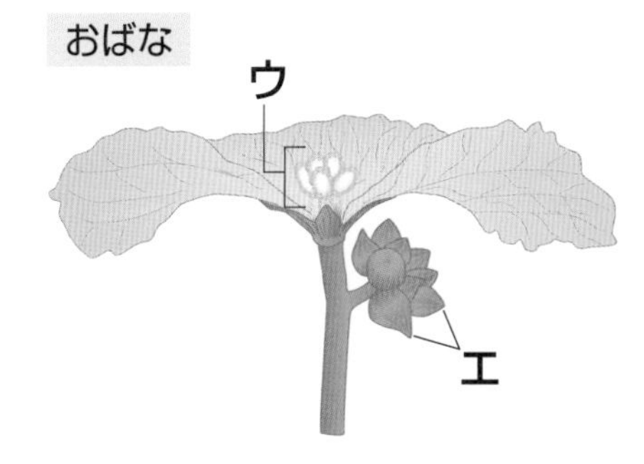

(4) 図2の**ウ**と同じはたらきをするものを図1の①～④の中から1つ選び，番号を書きなさい。（5点）

（　　）

3 図１は，ある立体の展開図です。この展開図を組み立てると図２の立体ができます。次の問いに答えなさい。

図１

図２

(1) 図２の立体の名前を書きなさい。(５点)

(　　　　　　　　)

(2) 点Ａと重なる点をすべて答えなさい。(10点)

(　　　　　　　　)

(3) 辺ＦＧと重なる辺を答えなさい。(５点)

(　　　　　　　　)

(4) 図２の立体で，辺ＲＫと垂直な辺をすべて答えなさい。(10点)

(　　　　　　　　)

図２の立体の側面は，展開図から長方形になっていることがわかるね。長方形のとなり合う辺は垂直になっているよ。

4 右の図は，ある立体の展開図です。この展開図を組み立ててできる立体について，次の問いに答えなさい。ただし，円周率は3.14とします。(各５点)

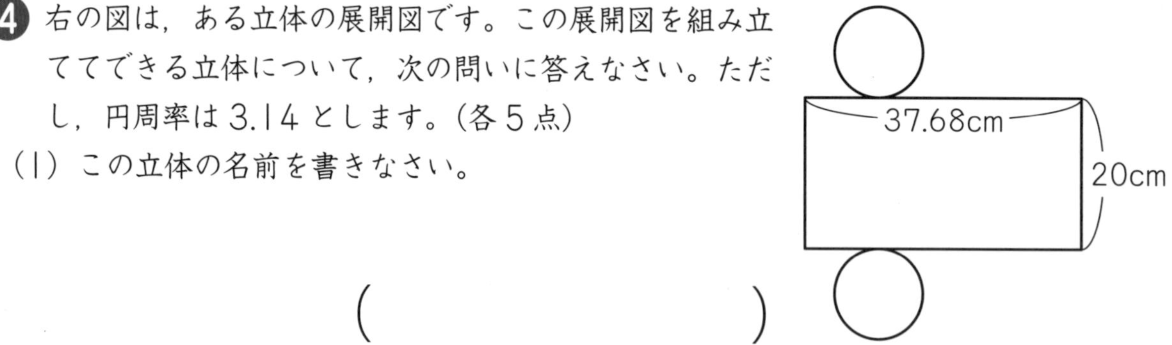

(1) この立体の名前を書きなさい。

(　　　　　　　　)

(2) この立体の高さと底面の円の半径はそれぞれ何cmですか。

高さ(　　　　　　　　)　半径(　　　　　　　　)

答えは『答えと考え方』

第12回 正多角形と円，角柱と円柱

わからなかったら動画を見てね！

学習日　月　日

得点　／100点

1 次の①，②の正多角形について，次の問いに答えなさい。（各５点）

（1）①，②の正多角形の名前を書きなさい。

①

5cm
㋐
㋑

②

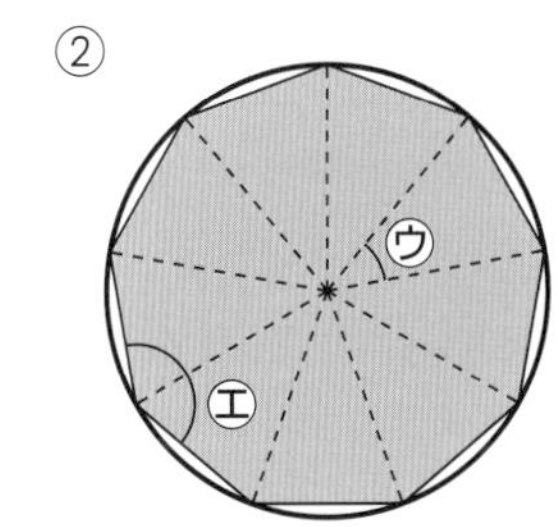

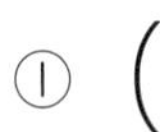
①（　　　　　　　）

②（　　　　　　　）

（2）㋐～㋓の角度を求めなさい。

㋐（　　　　）　㋑（　　　　）　㋒（　　　　）　㋓（　　　　）

（3）①の正多角形のまわりの長さは何 cm ですか。

（　　　　　　）

2 次の問いに答えなさい。ただし，円周率（えんしゅうりつ）は 3.14 とします。（式・答え各５点）

（1）直径が 5cm の円の円周の長さは何 cm ですか。

［式］

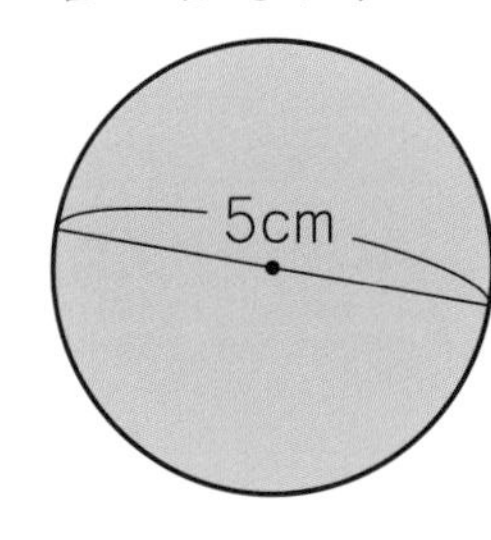

答え（　　　　　　）

（2）円周の長さが 56.52cm の円の半径は何 cm ですか。

［式］

答え（　　　　　　）

❸ 次の問いに答えなさい。(式・答え各５点)

(1) ゆうとさんの今月のおこづかいは2000円です。そのおこづかいで660円の本を買いました。今月のおこづかいをもとにしたときの，本のねだんの割合を小数で求めなさい。

[式]

答え (　　　　　)

(2) 中身の重さが10%増えて88gになったおかしがあります。このおかしのもとの重さは何gですか。

[式]

答え (　　　　　)

❹ 右のグラフは，あるクラスの25人の体重を調べた結果を表したものです。これについて，次の問いに答えなさい。

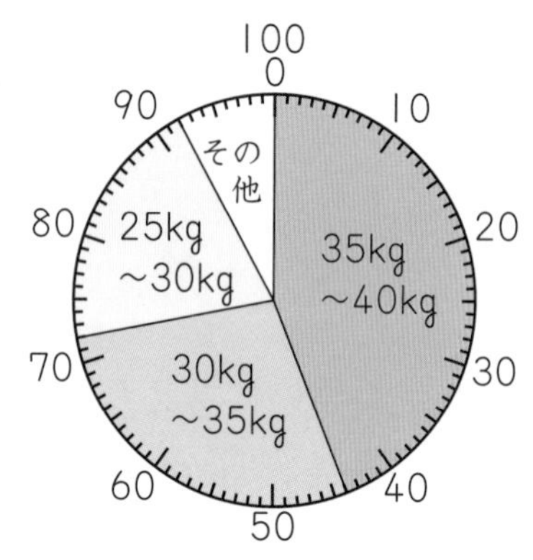

(1) 30kg以上35kg未満の人は全体の何%ですか。(5点)

(　　　　　)

(2) 35kg以上40kg未満の人は何人ですか。(式・答え各５点)

[式]

答え (　　　　　)

(3) あるクラスの25人の体重を調べた結果を帯グラフに表しなさい。(5点)

0　10　20　30　40　50　60　70　80　90　100%

答えは『答えと考え方』

第11回 割合とグラフ

わからなかったら動画を見てね！

学習日　月　日

得点　／100点

1 次の割合を［　］に示されたもので表しなさい。(各5点)

(1) 0.28［百分率］

(　　　　)

(2) 0.318［歩合］

(　　　　)

(3) 47%［小数］

(　　　　)

(4) 7割3分［小数］

(　　　　)

2 次の□にあてはまる数を書き入れなさい。(各10点)

(1) 342円は360円の□%です。

(2) 378個は1200個の□割□分□厘です。

(3) 6300人の12%は□人です。

(4) 720Lは□Lの4割8分です。

割合＝比べられる量÷もとにする量の関係に注意して，□に入る数を求めるんだね。

❸ 長さ104mの電車が，ふみ切りの前で立っている人の目の前を通り過(す)ぎるのに4秒かかりました。このとき，電車の速さは秒速何mですか。（式・答え各10点）

［式］

この電車が，ふみ切りの前で立っている人の目の前を通り過ぎるのに走る道のりは何mだろう。

答え（　　　　　　　　）

❹ 買い物に出かけた妹がわすれ物をしたことに気がついたまさるさんは，自転車に乗ってわすれ物をとどけに行くことにしました。妹は家から700m先を分速60mで歩いています。まさるさんは分速200mの速さで妹と同じ道を通って追いかけます。このとき，次の問いに答えなさい。

（1）まさるさんは1分間で何mずつ妹に近づきますか。（式・答え各10点）

［式］

答え（　　　　　　　　）

（2）まさるさんは，出発してから何分で妹に追いつきますか。（式・答え各10点）

［式］

答え（　　　　　　　　）

答えは『答えと考え方』

算数

第10回 速さ

わからなかったら動画を見てね！

学習日　　月　　日

得点　　／100点

❶ 次の□にあてはまる数を書き入れなさい。（各５点）

（1）分速 □ m で走る自転車は 1km を 4 分で走ります。

（2）105km を 3 時間で走る車の速さは時速 □ km です。

❷ 次の問いに答えなさい。（式・答え各５点）

（1）時速 2.9km で歩く人は 2 時間で何 km の道のりを歩きますか。

［式］

答え（　　　　　　）

（2）秒速 4m で走る人は，1 時間 30 分で何 km の道のりを走りますか。

［式］

答え（　　　　　　）

（3）分速 300m で走る自転車が，63km の道のりを走るのにかかる時間は何時間何分ですか。

［式］

答え（　　　　　　）

算数

2 右の㋐〜㋓の平行四辺形や三角形を見て，次の問いに答えなさい。

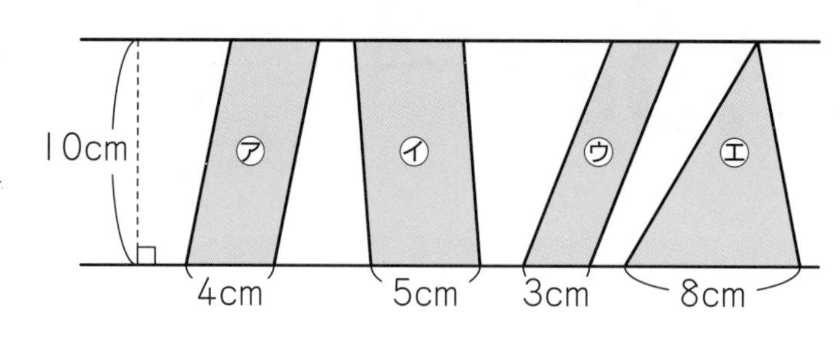

(1) 面積がいちばん大きい図形はどれですか。(10 点)

(　　　)

(2) 面積が等しい図形はどれとどれですか。(10 点)

(　　　)と(　　　)

3 次の図形で，色がついている部分全体の面積は何 cm^2 ですか。(式・答え各 5 点)

(1) [式]

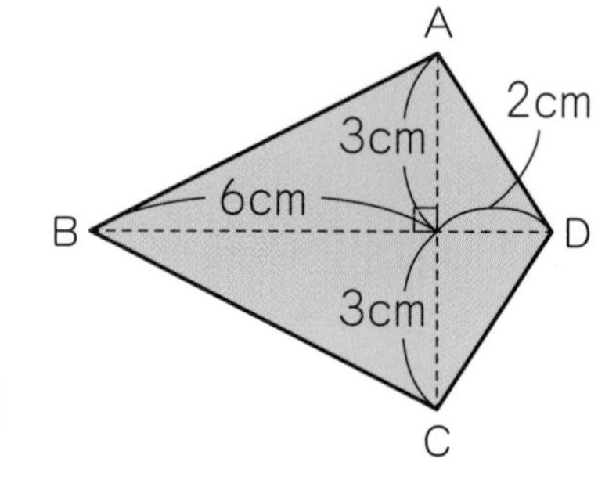

答え (　　　　　　)

(2) [式]

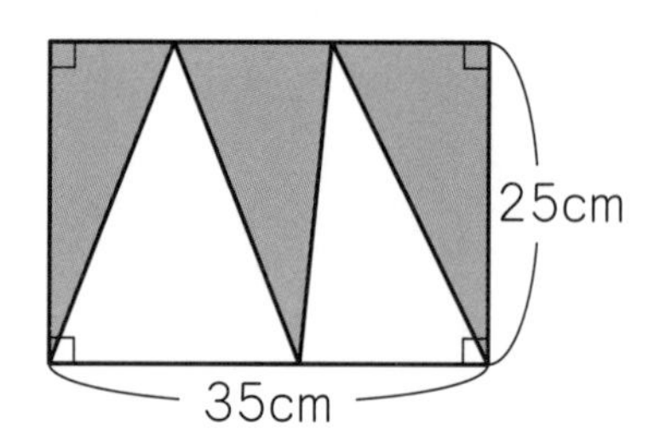

答え (　　　　　　)

4 三角形の底辺の長さを 6cm と決めて，高さを 1cm，2cm，3cm，…と増やしていくと，面積はどれだけ増えるかを調べます。このとき，次の問いに答えなさい。

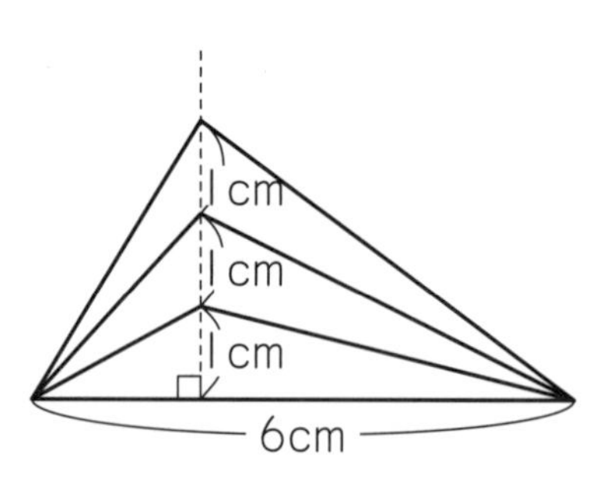

(1) 次の表のあいているところにあてはまる数を書き入れなさい。(各 2 点)

高さ (cm)	1	2	3	4	5
面積 (cm^2)					

(2) 高さを□ cm，面積を△ cm^2 として，□と△の関係を式に表しなさい。(10 点)

(　　　　　　)

算数

答えは『答えと考え方』

第9回 四角形と三角形の面積

わからなかったら動画を見てね！

学習日　　月　　日

得点　　　／100点

❶ 次の図形の面積を求めなさい。(式・答え各５点)

(1) [式]

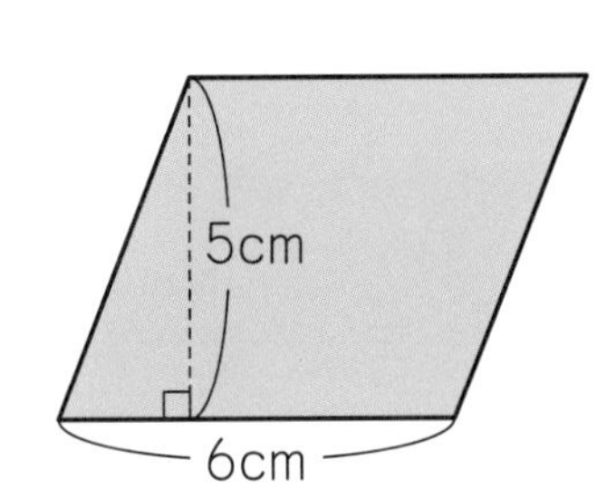

答え (　　　　　　　　)

(2) [式]

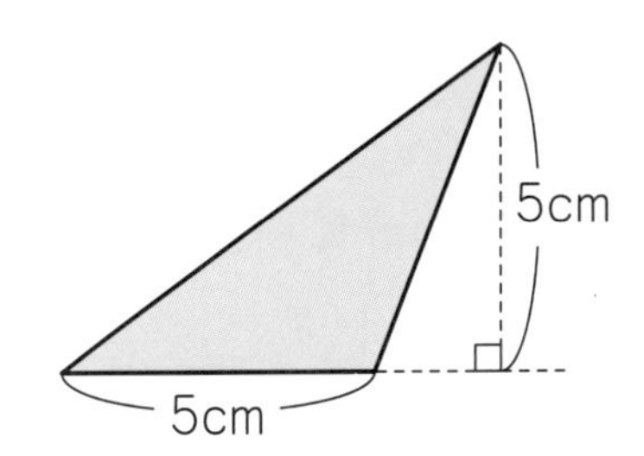

答え (　　　　　　　　)

(3) [式]

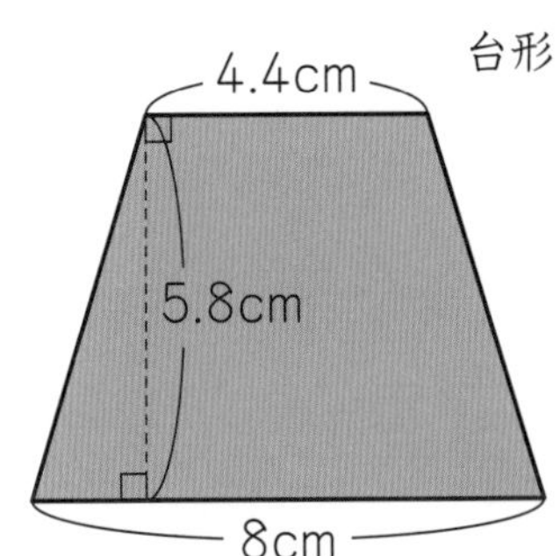
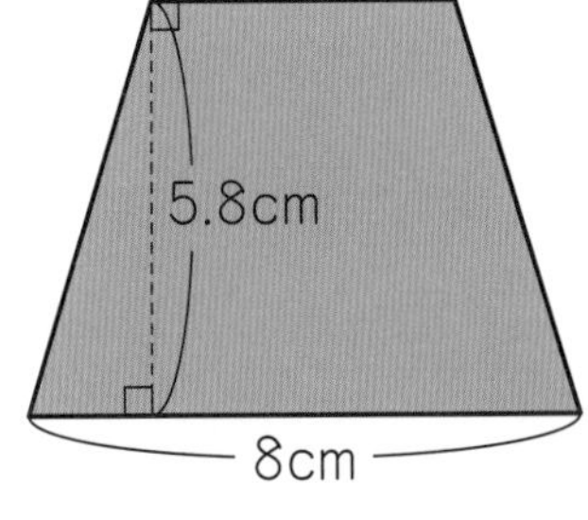

答え (　　　　　　　　)

(4) [式]

ひし形

6m

8m

答え (　　　　　　　　)

台形やひし形の面積は，
　台形＝(上底＋下底)×高さ÷２
　ひし形＝対角線×対角線÷２
だったね。

❸ 次の計算をしなさい。(各５点)

(1) $\frac{1}{6} + \frac{3}{8}$

(2) $3\frac{2}{3} + 1\frac{5}{7}$

(3) $\frac{4}{5} - \frac{1}{4}$

(4) $4\frac{1}{6} - 1\frac{4}{9}$

❹ 次の計算をしなさい。(各10点)

(1) $1\frac{1}{4} + \frac{1}{6} + 1\frac{9}{10}$

(2) $5\frac{3}{8} - 2\frac{7}{10} + 1\frac{4}{5}$

算数

❺ あるパン屋では，パンを作るための小麦粉を $7\frac{5}{6}$ kg仕入れました。そのうち午前中に $3\frac{5}{18}$ kg，午後に $2\frac{11}{15}$ kg使いました。小麦粉は何kg残っていますか。(式・答え各10点)

［式］

答え（　　　　　　）

答えは『答えと考え方』

第8回 分数のたし算とひき算

学習日　月　日

得点　／100点

わからなかったら動画を見てね！

1 次の分数は小数で，小数は分数で表しなさい。（各5点）

(1) $\frac{3}{4}$

（　　　）

(2) $3\frac{2}{5}$

（　　　）

(3) 1.7

（　　　）

(4) 0.63

（　　　）

2 次の（　）の中の分数を小さいほうから順に書きなさい。（各10点）

(1) $\left(\frac{1}{2},\ \frac{2}{3},\ \frac{5}{9}\right)$

（　　　）→（　　　）→（　　　）

(2) $\left(\frac{5}{6},\ \frac{7}{9},\ \frac{12}{16}\right)$

（　　　）→（　　　）→（　　　）

3つの分数を通分して，分子の大きさを比(くら)べてみよう。

算数

(2)（式・答え各５点）
[式]

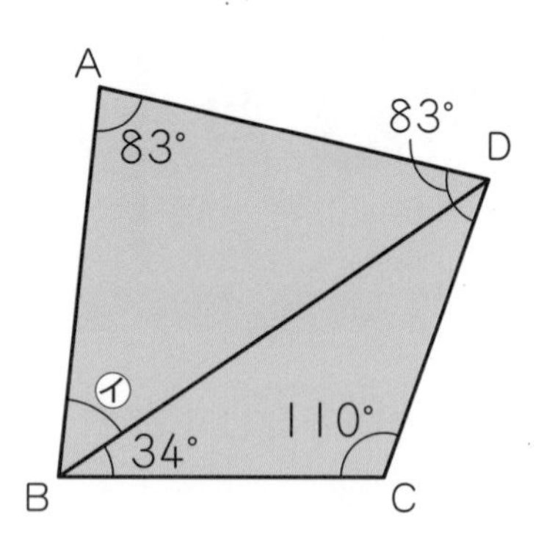

答え（　　　　　　）

(3)（答え各５点）

㋒（　　　　　）㋓（　　　　　）

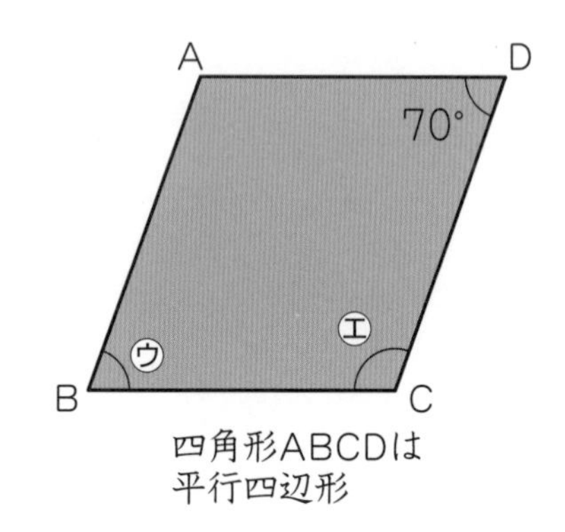

四角形ABCDは
平行四辺形

三角形の３つの角の大きさの和は180°，四角形の４つの角の大きさの和は360°だね。

❸ 次の図は，三角定規を２まい重ねたものです。㋐～㋓の角度をそれぞれ計算で求めなさい。
（式10点・答え各５点）

(1) [式]

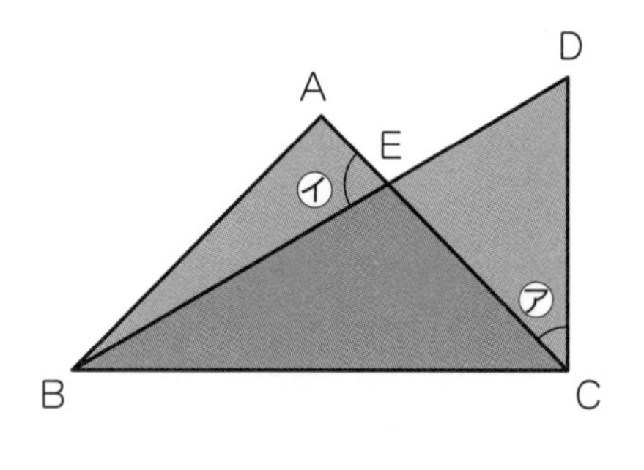

答え　㋐（　　　　　）㋑（　　　　　）

(2) [式]

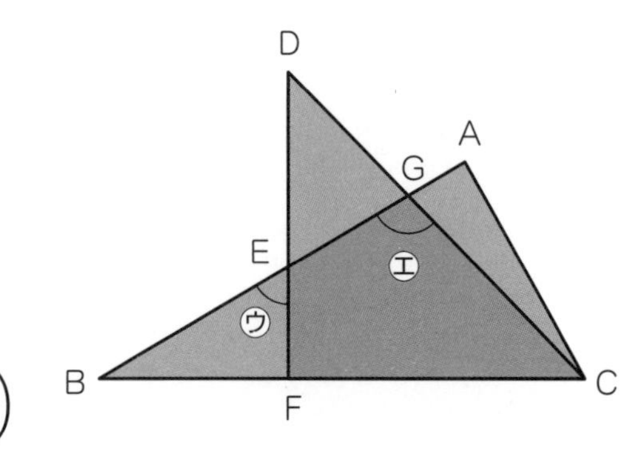

答え　㋒（　　　　　）㋓（　　　　　）

答えは『答えと考え方』

第7回 図形の角

学習日　　月　　日

わからなかったら動画を見てね！

得点
／100点

1 次の三角形の㋐〜㋒の角度を計算で求めなさい。（式・答え各５点）

（1）［式］

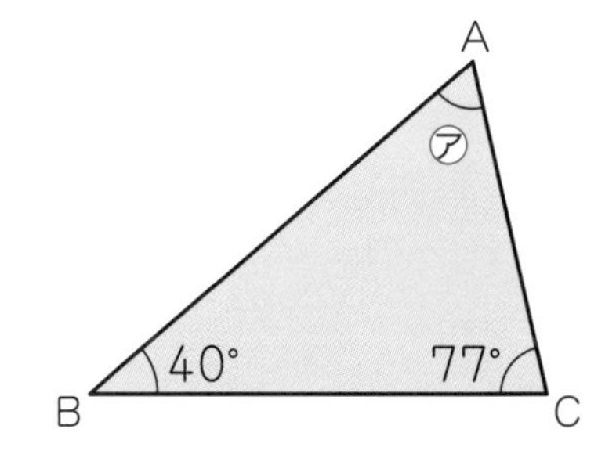

答え（　　　　　　　　）

（2）［式］

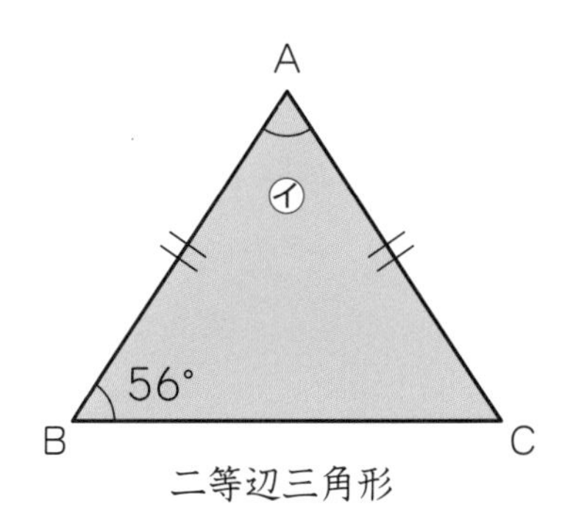

答え（　　　　　　　　）

（3）［式］

A
65°
125°
㋒
B
C

答え（　　　　　　　　）

2 次の図形の㋐〜㋓の角度を求めなさい。

（1）（式・答え各５点）

［式］

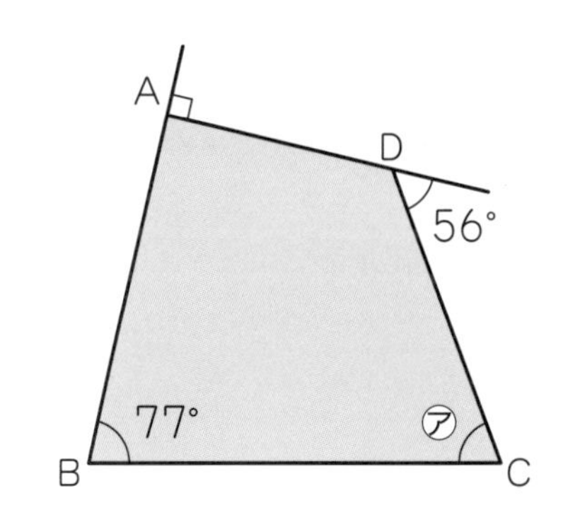

答え（　　　　　　　　）

算数

3 右の表は，あるスーパーマーケットで売っている，3種類の商品㋐，㋑，㋒の個数とそのねだんを表したものです。次の問いに答えなさい。

	個数	ねだん
㋐	10個	720円
㋑	10個	900円
㋒	12個	900円

(1) 商品㋐と㋑では，1個あたりのねだんが安いのはどちらですか。(5点)

( )

(2) 商品㋑と㋒では，1個あたりのねだんが安いのはどちらですか。(5点)

( )

(3) 商品㋐，㋑，㋒のうち，1個あたりのねだんがいちばん安いのはどれですか。(式・答え各5点)

[式]

答え ( )

(1)，(2)は，1個あたりのねだんを計算しなくてもわかるね。

4 ある市の面積は$62km^2$で，人口は112552人でした。ある市の人口密度(じんこうみつど)を小数第一位を四捨五入(ししゃごにゅう)して，整数で求めなさい。(式・答え各10点)

[式]

答え ( )

5 かべを$3m^2$ぬるのに2.4dLのペンキを使います。$16m^2$のかべをぬるには，何dLのペンキが必要ですか。(式・答え各10点)

[式]

答え ( )

答えは『答えと考え方』

算数

第6回　平均，単位量あたり

わからなかったら動画を見てね！

学習日　　月　　日

得点　　／100点

❶ 次の問いに答えなさい。（式・答え各５点）

(1) みかん８個の重さをはかると，760gでした。このみかん１個の重さは，平均何gですか。

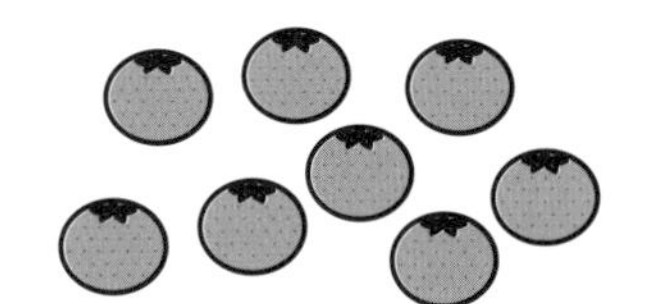

［式］

答え（　　　　　　　　）

(2) ある町の４つの小学校について，５年生の児童の人数を調べたところ，右の表のようになりました。１つの小学校に５年生の児童は平均で何人いますか。

学校	児童の人数
北小学校	86人
南小学校	93人
西小学校	79人
東小学校	82人

［式］

答え（　　　　　　　　）

平均は，
　平均＝合計÷個数
で求めることができたね。

❷ 算数のテストの結果を，右のような表にまとめましたが，３回目の点数がわかっていません。（式・答え各５点）

１回目	２回目	３回目	４回目	平均
83点	68点		77点	78点

(1) ４回のテストの合計点は何点ですか。

［式］

答え（　　　　　　　　）

(2) ３回目のテストの点数は何点ですか。

［式］

答え（　　　　　　　　）

算数

4 次の（　　）の中の数の最小公倍数と最大公約数をそれぞれ書きなさい。（各５点）

（1）（2，6，16）

最小公倍数（　　　　），最大公約数（　　　　）

（2）（24，60，72）

最小公倍数（　　　　），最大公約数（　　　　）

5 たて18cm，横24cmの長方形のカードがあります。このとき，次の問いに答えなさい。（各10点）

（1）このカードを同じ向きに，たてや横にすき間なくならべて，できるだけ小さい正方形を作りました。この正方形の1辺の長さは何cmですか。

（　　　　　　　　）

（2）このカードを1辺の長さがなるべく長くなるように，同じ大きさの正方形に切り分けました。この正方形の1辺の長さは何cmですか。

（　　　　　　　　）

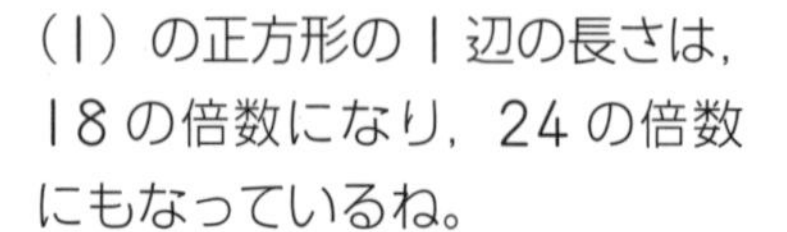

（1）の正方形の1辺の長さは，18の倍数になり，24の倍数にもなっているね。
（2）の正方形の1辺の長さは，18の約数になり，24の約数にもなっているね。

答えは『答えと考え方』

第 5 回　偶数と奇数，倍数と約数

わからなかったら動画を見てね！

学習日　　月　　日

得点　　／100点

❶ 1から60までの整数について，次の問いに答えなさい。

(1) いちばん大きい奇数を書きなさい。(5点)

(　　　　　　)

(2) 偶数は全部で何個ありますか。(5点)

(　　　　　　)

(3) 大きいほうから数えて5番目の偶数は何ですか。(10点)

(　　　　　　)

❷ 1から50までの整数のうち，次の数の倍数をすべて書きなさい。(各5点)

(1) 7

(　　　　　　　　　　　　)

(2) 12

(　　　　　　　　　　　　)

❸ 次の(　　)の中の数の最小公倍数と最大公約数をそれぞれ書きなさい。(各5点)

(1) (6，8)

最小公倍数 (　　　)，最大公約数 (　　　)

(2) (20，45)

最小公倍数 (　　　)，最大公約数 (　　　)

(3) (7，13)

最小公倍数 (　　　)，最大公約数 (　　　)

算数

❸ コンパス，定規（じょうぎ），分度器を使って，次の（1），（2）の図形と合同な図形をかきなさい。（各 10 点）

（1）

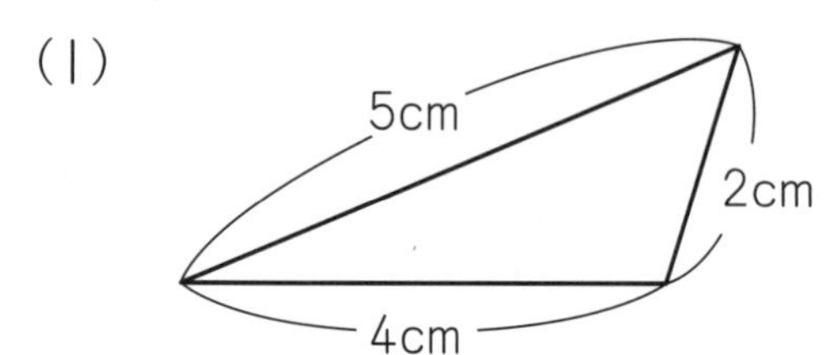

（2）

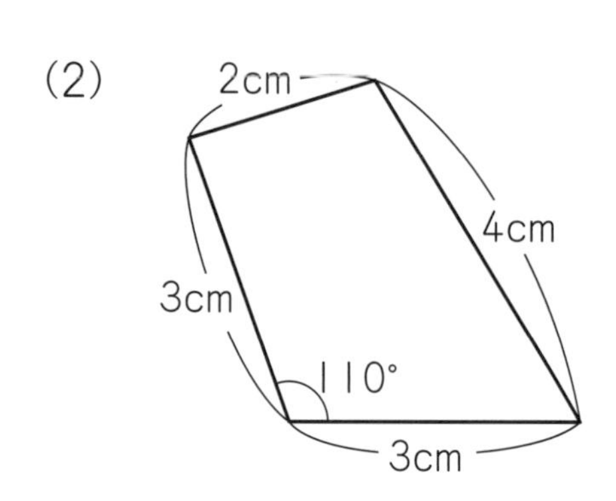

❹ コンパス，定規，分度器を使って，次のような三角形をかきなさい。（各 12 点）

（1）2 つの辺の長さが 5cm，3cm，その間の角の大きさが 70° の三角形

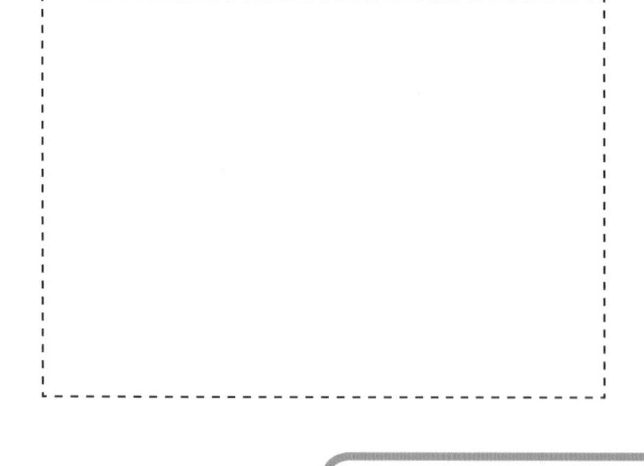

（2）1 つの辺の長さが 4cm，その両側の角の大きさが 50°，40° の三角形

「2 つの辺の長さとその間の角」
「1 つの辺の長さとその両側の角」
「3 つの辺の長さ」
のどれかを使うことで，合同な三角形がかけるんだね。

答えは『答えと考え方』

第4回 合同な図形

わからなかったら動画を見てね！

学習日　　月　　日

得点　　／100点

1 下の㋐～㋙の図形のうち，合同な図形はどれとどれですか。4組選び，記号で答えなさい。（各8点）

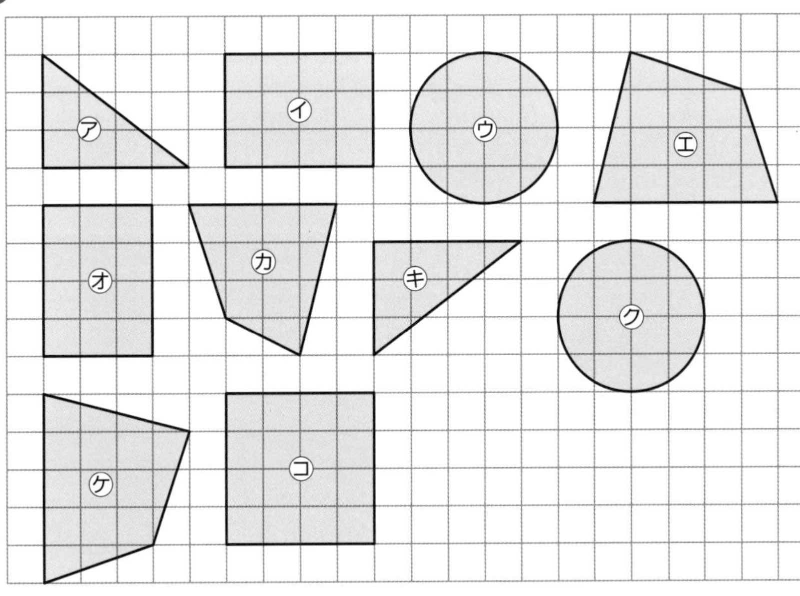

（　　　）と（　　　）

（　　　）と（　　　）

（　　　）と（　　　）

（　　　）と（　　　）

向きを変えたり，ひっくり返したりして，ぴったり重なる図形の組をさがせばいいね。

2 右の図で，2つの三角形Ⓐ，Ⓘは合同です。次の問いに答えなさい。（各8点）

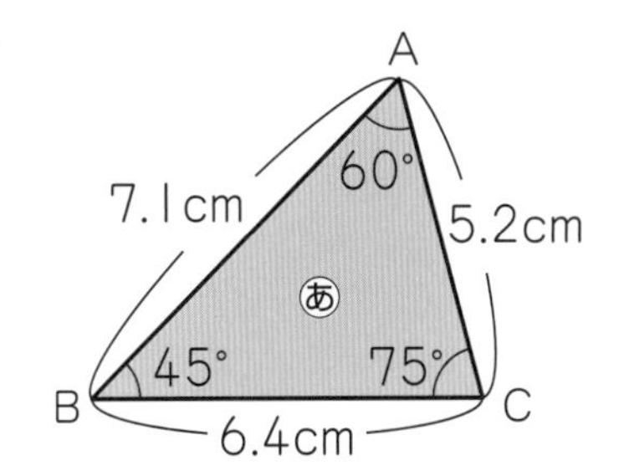

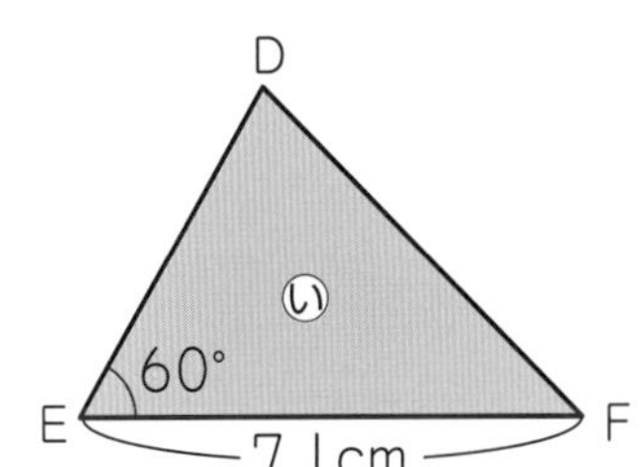

(1) 頂点（ちょうてん）Bに対応（たいおう）する頂点を答えなさい。

（　　　　　）

(2) 辺ACに対応する辺を答えなさい。

（　　　　　）

(3) 角Dの大きさは何度ですか。

（　　　　　）

算数

4 次の計算で，計算結果が6.28より大きくなるものには○，6.28より小さくなるものには×，6.28と等しくなるものには△をつけなさい。（各4点）

（1）6.28×0.98

（　　　）

（2）6.28×1.23

（　　　）

かける数やわる数が１より大きいか小さいかをみればいいんだね。

（3）$6.28 \div 0.98$

（　　　）

（4）$6.28 \div 1$

（　　　）

（5）$6.28 \div 1.23$

（　　　）

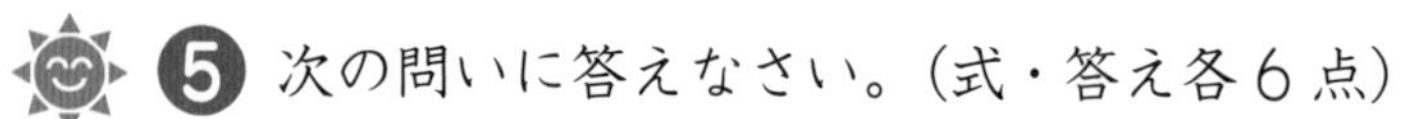

5 次の問いに答えなさい。（式・答え各6点）

（1）兄の体重は36kgです。これは弟の体重の1.5倍にあたります。兄と弟の体重の合計は何kgですか。

[式]

答え（　　　　　　）

（2）たて4.6cm，横9.2cmの長方形があります。この長方形の面積を変えないで，たての長さを2.3倍にすると，横の長さは何cmになりますか。

[式]

答え（　　　　　　）

算数

答えは『答えと考え方』

第3回 小数のわり算

学習日　月　日

得点　／100点

わからなかったら動画を見てね！

❶ 次のわり算をわりきれるまで計算しなさい。（各８点）

（1）$2.8 \overline{)70}$　（2）$1.9 \overline{)8.93}$　（3）$0.63 \overline{)29.61}$

❷ 次の（1）は商を整数で，（2）は商を小数第一位まで求め，あまりも出しなさい。（各８点）

（1）$0.8 \overline{)5.9}$　（2）$2.3 \overline{)24.3}$

❸ 次のわり算の商を四捨五入（ししゃごにゅう）して，上から２けたの概数（がいすう）で求めなさい。（各８点）

（1）$4.6 \div 1.4$

答え（　　　）

（2）$3.28 \div 0.6$

答え（　　　）

算数

③ 次の□にあてはまる数を書き入れなさい。(各６点)

(1) $3m^3$ = □ cm^3

(2) 12L = □ cm^3

(3) 6kL = □ L = □ m^3

(4) 520mL = □ cm^3

④ たてが60cm，横が80cmのブリキの板があります。この板の四すみから右の図のように１辺が20cmの正方形を切り取って，ふたのない箱を作りました。このとき，次の問いに答えなさい。ただし，板の厚(あつ)さは考えないものとします。(式・答え各５点)

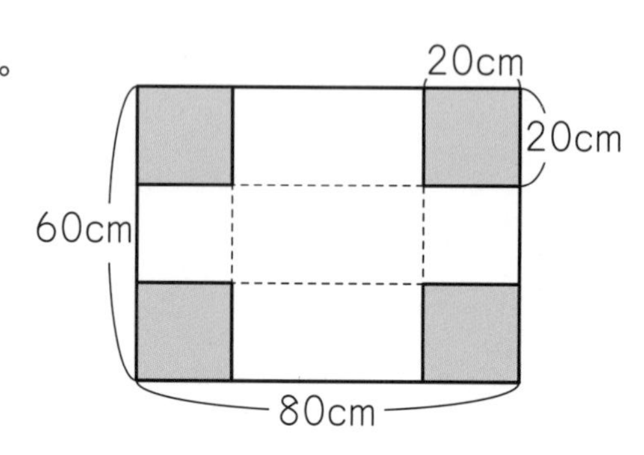

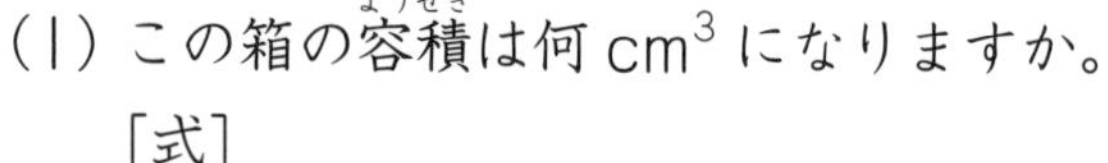

(1) この箱の容積(ようせき)は何cm^3になりますか。

[式]

答え (　　　　　　　　)

(2) 箱に10cmの高さまで水を入れ，この箱に石をしずめたところ，水の深さが12cmになりました。このとき，石の体積は何cm^3ですか。

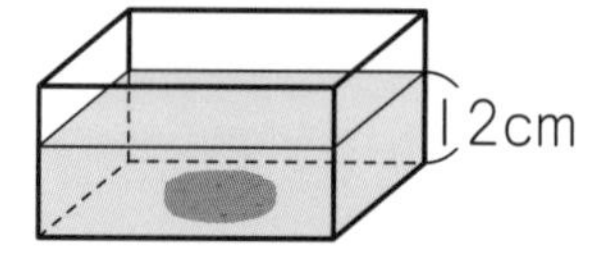

[式]

答え (　　　　　　　　)

(3) 箱に10cmの高さまで水が入っているとき，この箱に１辺が8cmの立方体の形をした石をしずめると，水の深さは何cmになりますか。

[式]

石の体積と，増(ふ)えた深さ分の水の体積が等しくなっているんだね。

答え (　　　　　　　　)

答えは『答えと考え方』

算数

第2回　直方体と立方体の体積

学習日　月　日

得点　／100点

わからなかったら動画を見てね！

❶ 次の立体の体積は何 cm^3 ですか。（各10点）

（1）1辺が1cmの立方体を積み上げてできた立体

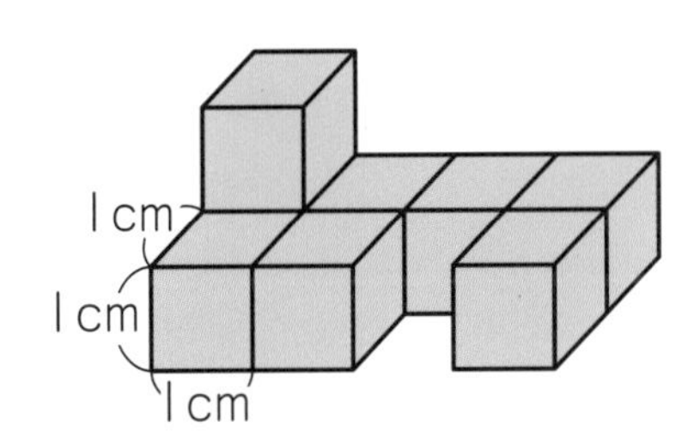

答え（　　　　　）

（2）直方体

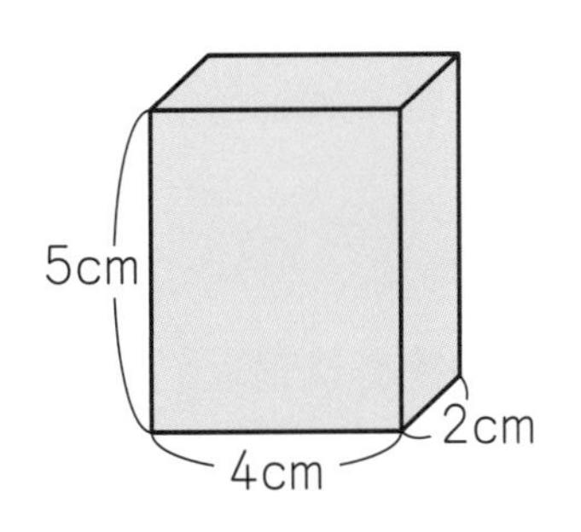

答え（　　　　　）

❷ 次の立体の体積は何 cm^3 ですか。（式・答え各5点）

（1）[式]

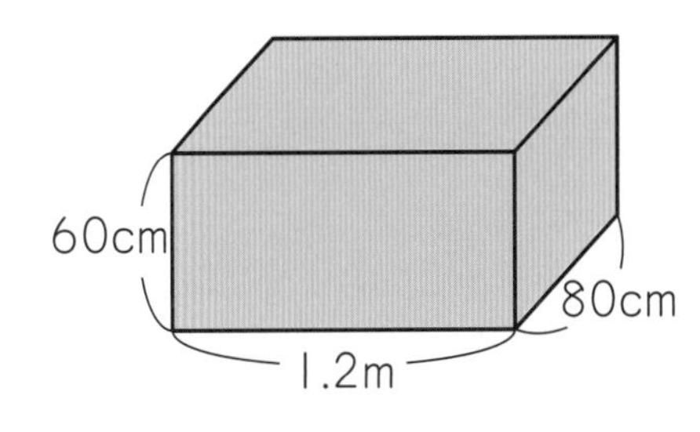

答え（　　　　　）

（2）[式]

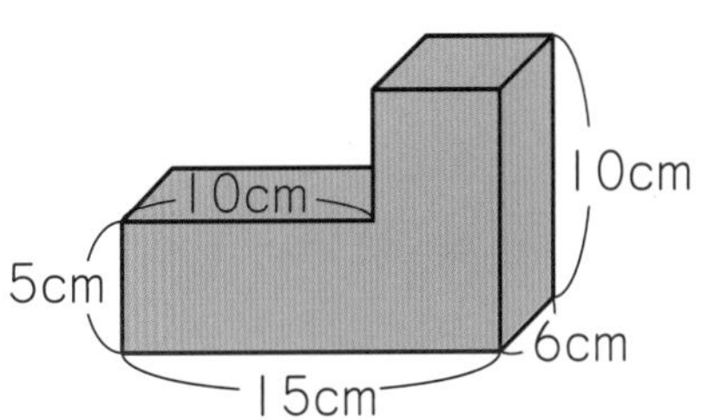

答え（　　　　　）

算数

❸ くふうして次の計算をしなさい。（各 10 点）

（1） $12.5 \times 5.9 \times 8$

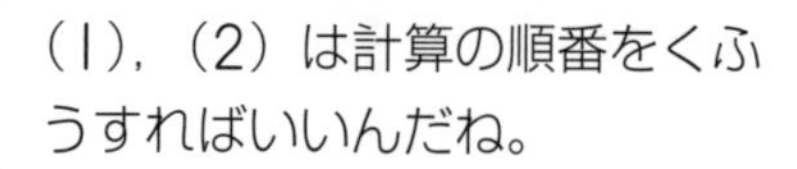

（1），（2）は計算の順番をくふうすればいいんだね。

（2） $0.61 \times 25 \times 4$

（3） $2.9 \times 5.81 + 7.1 \times 5.81$

❹ 次の問いに答えなさい。（式・答え各５点）

（1） 1L の重さが 0.7 kg の液体があります。この液体 6.2L の重さは何 kg ですか。

［式］

答え（　　　　　　　）

（2） 1L のガソリンで 18.6km 走ることのできる自動車があります。この自動車は，7.8L のガソリンで何 km 走ることができますか。答えは四捨五入して，小数第一位まで求めなさい。

［式］

答え（　　　　　　　）

算数

答えは『答えと考え方』

第1回 小数のかけ算

わからなかったら動画を見てね！

学習日　月　日

得点　／100点

❶ 次の問いに答えなさい。（各５点）

（1）次の□にあてはまる数字を書き入れなさい。ただし，□には０から９の整数が入るものとします。

$10.39 = 10 \times$ ①□ $+ 1 \times$ ②□ $+ 0.1 \times$ ③□ $+ 0.01 \times$ ④□

（2）次の□にあてはまる数を書き入れなさい。

58.1は0.581を ①□ 倍した数であり，

3.93は39.3を ②□ 分の１にした数です。

❷ 次の計算を筆算でしなさい。（各５点）

（1）32×4.6

（2）167×3.8

（3）19.3×2.4

（4）49.3×0.57

小数のかけ算では，答えの小数点の位置に注意しないといけないね。

算数

算数

ページ

※算数は，本冊子(さっし)にある「教科書内容(ないよう)対照表」を見て，お使いの教科書の学習範囲(はんい)に合わせて取り組みましょう。

理科

社会

★ 国語は 4 ページから始まります。
★ 英語は 85 ページから始まります。

全部終わったら，「まとめテスト」に挑戦(ちょうせん)しましょう。

左のマークはむずかしい内容についています。解(と)くことができれば自信をもってよい問題です。
まちがえた場合は，『答えと考え方』を読んで理解(りかい)しておきましょう。

「まとめテスト」にチャレンジしよう！

5年生の学習のまとめだよ。目標時間を確認（かくにん）して取り組もう。

目標時間

■ 国語	…………… 66～69ページ	《50分》
■ 社会	…………… 71～70ページ	《30分》
■ 理科	…………… 73～72ページ	《30分》
■ 算数	…………… 77～74ページ	《40分》

「まとめテスト」の取り組み方

- 全部の回が終わったら「まとめテスト」に取り組もう。
- テストは，国語・算数・理科・社会の４教科あるよ。
- ４教科まとめてやってもいいし，何日かに分けて取り組んでもいいよ。
- わからないところは，調べながら解（と）いてもいいよ。
- 終わったら，『答えと考え方』を参考にして自分で丸をつけてみよう。

むずかしい問題もあるけど，がんばって考えてみてね！

まとめテスト

▼答えは「答えと考え方」の14～15ページにあります。

目標時間　50分

得点　　　／100点

一

問一 次の(1)～(6)の熟語の組み立ては、あとの**ア**～**エ**のどれにあたりますか。それぞれ一つずつ選び、記号を（　）に書きなさい。（各3点）

(1) 再会（　　）

(2) 愛好（　　）

(3) 単独（　　）

(4) 読書（　　）

(5) 悲喜（　　）

(6) 海底（　　）

ア 反対や対の意味の漢字を組み合わせてできている熟語

イ 似た意味の漢字を組み合わせてできている熟語

ウ 上の字が下の字を修飾している熟語

エ 下の字が上の字の目的語になっている熟語

問二 次の(1)・(2)の熟語の読み方のうち、音訓の組み合わせがことなるものをそれぞれ一つずつ選び、○で囲みなさい。（各2点）

(1) 音楽・人生・桜色・完成

(2) 丸太・毛糸・見事・雨雲

問三 次の(1)・(2)の各文と同じ内容を表す文になるように、「れる（られる）」「せる（させる）」のいずれかを使って――部を書き直しなさい。（各2点）

(1) 先生が、みんなに作文を<u>書かせる</u>。

→みんなが、先生に作文を（　　　　）。

(2) 妹が、兄に<u>泣かされる</u>。

→兄が、妹を（　　　　）。

問四 次の(1)・(2)の文で、――の慣用句・ことわざの使い方が正しくないものを**ア**～**エ**からそれぞれ一つずつ選び、記号を○で囲みなさい。（各4点）

(1) 《慣用句》

ア 弟の上達の早さには、目を見張るものがある。

イ 妹はゲームの続きが気になっていて、何を聞いても上の空だ。

ウ 楽しみにしている旅行のことを考えると、頭がいたい。

エ 物語のおもしろさに、わき目もふらず読み続けた。

(2) 《ことわざ》

ア 住めば都と言うから、どんなところでも慣れればきっと好きになるよ。

イ 父は数学者なのにぼくは算数が苦手で、やっぱりかえるの子はかえるだね。

ウ 君たち、47点と49点で競い合うなんて、まさにどんぐりの背比べだ。

エ くじ引きの景品で当たったのが、ちょうどほしかった本で、たなからぼたもちの気分だ。

問五 次の(1)・(2)の文には、正しくない漢字が一つずつふくまれています。【例】にならって正しくない漢字に線を引き、となりに正しく書き直しなさい。（各4点）

【例】 さまざまなことに感心(関)をもつ。

(1) 今年は勉強をがんばったので、成績がぐんとのびて、クラスの平近点を大きく上回ることができ、家族にほめられた。

(2) 体育の時間にボールが頭に当たってこぶができたので、保健の先生といっしょに病院へ行って、険査をしてもらった。

問六 次の(1)・(2)の□に共通する漢字をあとの[ ]から一つずつ選び、（　）に書きなさい。（各4点）

(1) □在・□状・再□ （　　）

(2) □取・□用・□血 （　　）

[採　生　編　現]

まとめテストの問題は次ページに続きます。《《《

二 次の文章を読んで、あとの問いに答えなさい。

　歯はとてもかたいけれど、生きているので、中心の歯ずいには血管と神経が通っている。そのまわりをぞうげ質というほねに似た物質がとりまいて、歯の基本ができている。その外側は歯ぐきの中ではセメント質がおおっているが、歯ぐきの外ではエナメル質がおおっている。つまり、口の中で見えている歯は、（　A　）質の部分だ。

　その歯のエナメル質が、人ではほかのサルよりもはるかに厚い。人の歯のエナメル質は二ミリ以上あるけれど、サルたちの歯には一ミリ以下のものが多く、いちばんエナメル質の厚いオランウータンでも一・五ミリだった。あんなに大きなゴリラでも、エナメル質は一・一ミリしかなく、チンパンジーでは一ミリもない。

　小さなちがいのようだけれど、歯の大きさを考えると一ミリの差はたいへんなものだ。その上、エナメル質には①宝石のような特ちょうがある。

　歯をつくっているぞうげ質、セメント質、エナメル質は、どれもほねと同じヒドロキシアパタイトという物質からできている。しかし、エナメル質だけはこの物質の割合が九十六パーセントもあって、しかもその結しょうが大きい。そのために、エナメル質のかたさは、こう度六から七で水しょうと同じほどかたい。つまり、ガラスよりかたい。

　でもエナメル質のすごさは、かたさだけではない。

　エナメル質の底から表面まで、直径千分の六ミリというエナメル小柱のごく小さなせんいが束になってSの字のようによれてつらぬいている。結しょうでありながら、せんいの性質を持った物質は、ただかたいだけでなく、われにくいというねばり強さ（じ

問一　（　A　）に適切な言葉を、文中から書きぬきなさい。（5点）

問二　――①について説明した次の文の（　a　）・（　b　）に適切な言葉を、文中からそれぞれ五字以内で書きぬきなさい。（各5点）

　水しょうと同じくらいの（　a　）があり、さらにねばり強さがあるため、（　b　）という特ちょうを持っている。

a

b

問三　――②とありますが、どのような構造ですか。文中から二十字で書きぬきなさい。（10点）

ん性)を持っている。たとえば、かたさではダイアモンドが一番(こう度十)だが、じん性ではヒスイ(こう度六・五)が一番で、ダイアモンドよりわれにくい。それは、ヒスイがエナメル質と同じように、結しょうの束がねじれたせんいのような構造を持っているからだ。

②このとくべつな構造のために、厚いエナメル質でできた歯は、かたい食べ物をかんでもわれない。 30

しかも、エナメル質の表面には酸をはねかえす歯小皮がまくをつくっていて、食物にふくまれる酸から歯を守っている。これは③宝石にはない生きた細ぼうの力だ。

つまり、わたしたちの歯は最高級の宝石のようなもので、しかもそれが生きていて、すばらしい働きを持っている。そんな歯をつくるエナメル質が、人ではほかのサルたちとはくらべ物にならないほど厚い。 35

島泰三『人はなぜ立ったのか?—アイアイが教えてくれた人類の謎—』(学研刊)

問四 ——③とありますが、どのような力ですか。「〜という力。」に続くように、文中の言葉を用いて四十字以内で書きなさい。(15点)

という力。

問五 問題文の内容として適切なものを次の中から一つ選び、記号を○で囲みなさい。(10点)

ア 人の歯は、ほかのサルよりもエナメル質がうすいが、丈夫である。

イ 歯のエナメル質は、せんいの束でできているためとても長持ちする。

ウ 人は歯がかたいことによって、ほかのサルと比べて長く生きられる。

エ 歯のエナメル質は、ヒスイと同じような構造を持っていてとても強い。

(1) **A**～**H**の中から，たがいにとなりあっている都道府県を２つ選び，記号を書きなさい。
（完答 10 点）

（　　）（　　）

(2) **A**の「有珠山」は，しばしば噴火による被害を出しています。自然災害への対策を立てるための，被害が予想される地域を示した地図の名前を書きなさい。（10 点）

（　　　　　）

(3) **B**の「庄内平野」では，米の生産がとてもさかんで，春に「最上川」を流れる豊富な水が重要な役割を果たしています。春の「最上川」の水がどのようにもたらされるか，**B**の気候と関連付けて説明しなさい。（20 点）

（　　　　　　　　　　　　　　　　　　　　　　）

(4) **C**の「からっ風」は，冬のかわいた風です。このことを参考に，「からっ風」の主な風向きを，南西・南東・北西・北東の中から１つ選び，書きなさい。（10 点）

（　　　　　）

(5) **E**は，太平洋ベルトにふくまれる工業がさかんな都道府県です。同じく太平洋ベルトにふくまれる県を，次の**ア**～**エ**の中から２つ選び，記号を書きなさい。（各 10 点）

ア　岩手県　　**イ**　福岡県　　**ウ**　三重県　　**エ**　宮崎県

（　　）（　　）

(6) **F**の「備前焼」は主に中小工場で生産される伝統的工芸品であり，「水島コンビナート」は石油化学や鉄鋼，自動車などの大工場が集まった地区の名前です。日本には，中小工場と大工場のどちらの数が多いか書きなさい。（10 点）

（　　　　　）

(7) 日本の新聞には，全国で販売される全国紙と，一部の地域だけで販売される地方紙があります。どちらの新聞にも日本や世界のできごとがのっていますが，地方紙の内容にはどのような特徴がありますか。簡単に説明しなさい。（20 点）

（　　　　　　　　　　　　　　　　　　　　　　）

まとめテスト 社会

目標時間　30分

得点　　／100点

▶答えは『答えと考え方』の16ページにあります。

❶ 次のA～Hは，8都道府県の特徴をそれぞれまとめたもので，☆は自然，★は特産品，○はそれ以外を表します。これを見て，あとの問いに答えなさい。(100点)

A

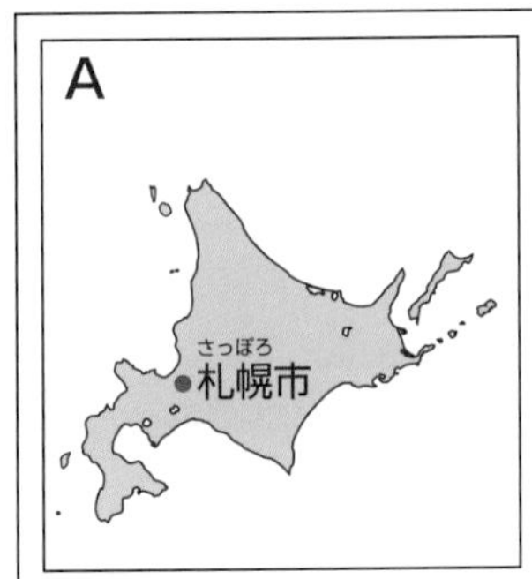

☆石狩平野
☆有珠山
★牛乳
★小麦
★じゃがいも
○アイヌ文化

B

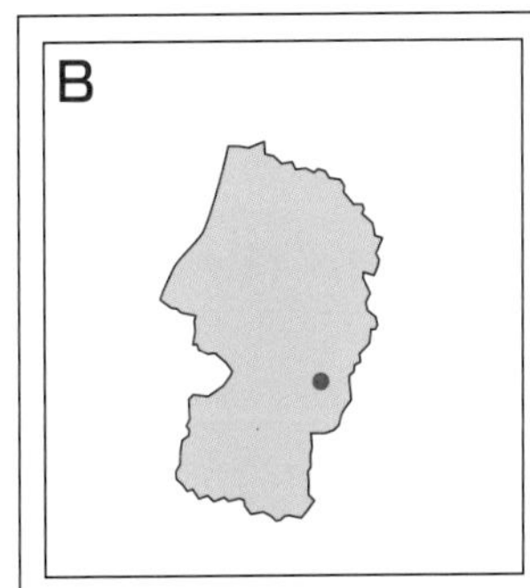

☆庄内平野
☆最上川
☆月山
★さくらんぼ
★西洋なし
○花笠まつり

C

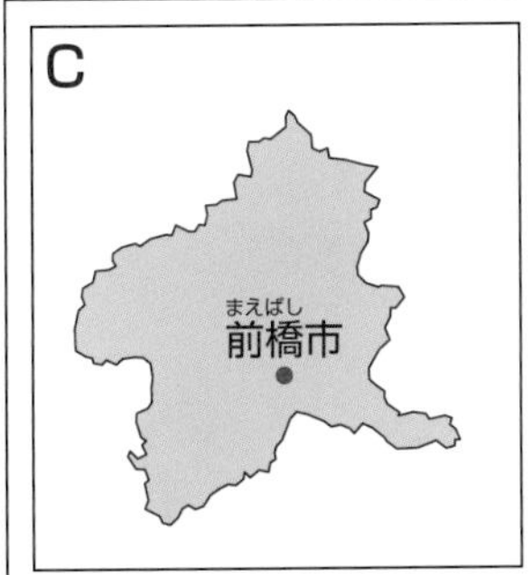

☆浅間山
☆からっ風
☆利根川
★キャベツ
★きゅうり
○富岡製糸場

D

☆能登半島
☆白山
★金属はく
★九谷焼
★輪島塗
○兼六園

E

☆淡路島
☆播磨平野
★線香
★日本酒
★野球用具
○明石海峡大橋

F

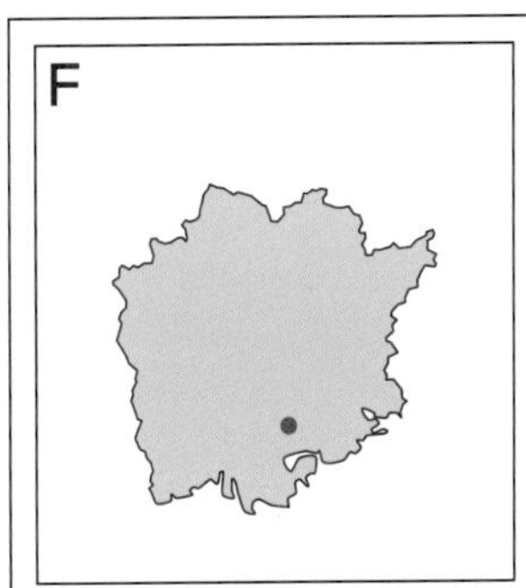

☆児島湾
☆中国山地
★学生服
★備前焼
○水島コンビナート

G

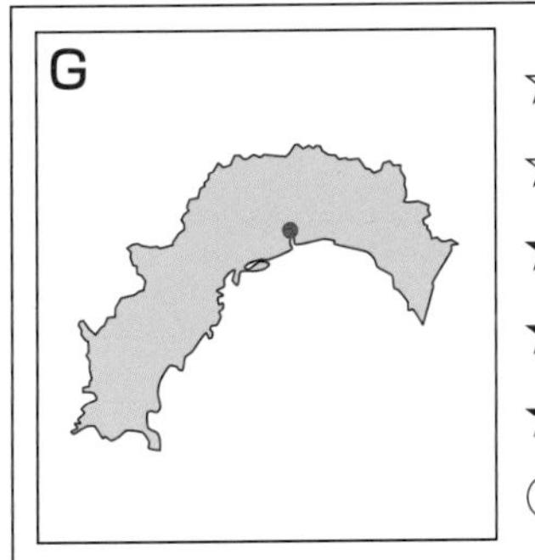

☆四国山地
☆四万十川
★しょうが
★なす
★にら
○よさこい祭り

H

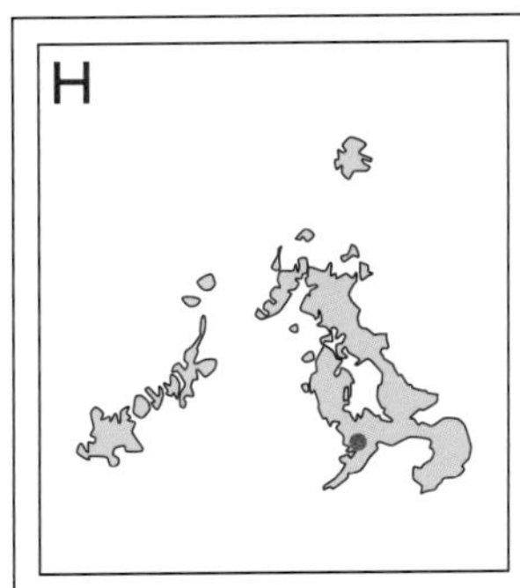

☆雲仙岳（普賢岳）
☆大村湾
☆諫早湾
★びわ
★まだい
○出島

※都道府県庁所在地名は，都道府県名とことなる場合のみ示しています。

5 日本では，夕焼けの次の日は晴れと雨，どちらのほうが多いといわれていますか。「晴れ」・「雨」のどちらかを書きなさい。（10点）

（　　　　　）

6 右の図のような日本に上陸した台風（たいふう）の動きとして，最もよく見られるものを，次の**ア**～**ウ**の中から1つ選び，記号を書きなさい。（10点）

ア　北へ動く。　**イ**　南へ動く。　**ウ**　動かない。

（　　）

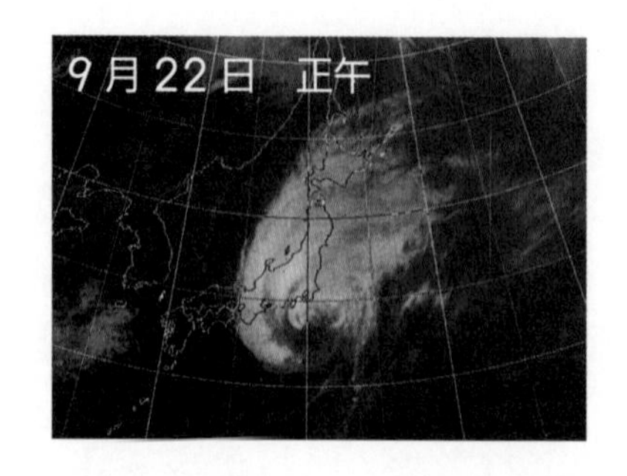

7 右の図のような曲がった川で，川岸がけずられやすいのは，**ア**・**イ**のうち，どちら側ですか。記号を書きなさい。（10点）

（　　）

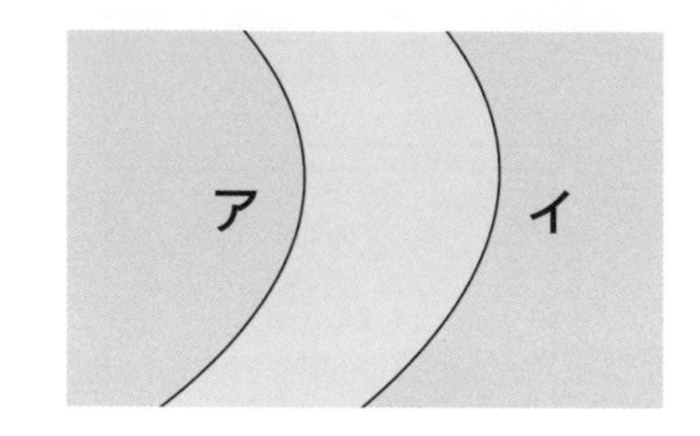

8 右の図のようなふりこの1往復（おうふく）するのにかかる時間を短くするには，どのようにすればよいですか。次の**ア**～**ウ**の中から1つ選び，記号を書きなさい。（10点）

ア　ふりこの長さを30cmにする。

イ　おもりを同じ大きさの鉄のおもりにかえる。

ウ　ふれはばを5°にする。

（　　）

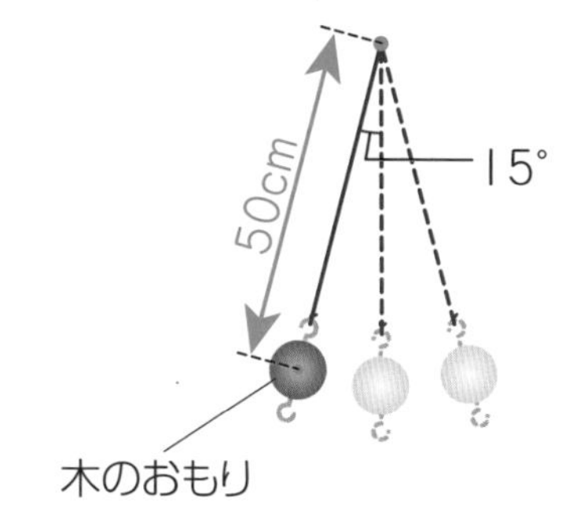

9 右の図は電磁石（でんじしゃく）の横に方位磁針（ほういじしん）を置いたときのようすを表しています。電磁石の**A**側は何極ですか。「N極」・「S極」のどちらかを書きなさい。（10点）

（　　　　　）

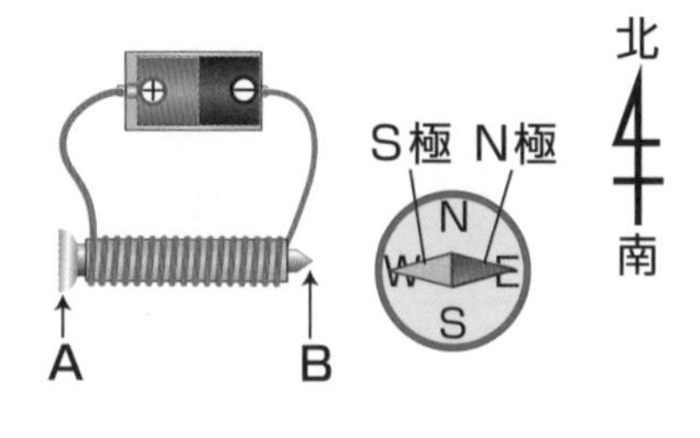

10 右の表は，水100mLにとけるホウ酸（さん）の量を表しています。50℃の水50mLに3gのホウ酸をとかしたあと，水の温度を20℃まで下げると，とけきれなくなったホウ酸が出てきました。出てきたホウ酸は何gですか。書きなさい。（10点）

（　　　　g）

水の温度	ホウ酸
10℃	3.6g
20℃	4.8g
30℃	6.8g
40℃	8.8g
50℃	11.4g

まとめテスト 理科

目標時間 30分

得点 ／100点

▶答えは『答えと考え方』の 17 ページにあります。

1 同じくらいの大きさに育ったインゲンマメのなえを，次の**ア**～**ウ**のような条件(じょうけん)で日当たりのよい所に置いて育てました。インゲンマメの成長に日光が必要なことを調べるためには，どれとどれを比(くら)べればよいですか。２つ選び，記号を書きなさい。ただし，インゲンマメのなえはバーミキュライト(肥料(ひりょう)が入っていない土)に植えたものとします。(10点)

ア

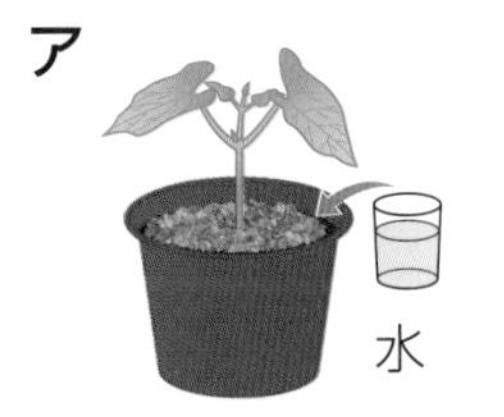

毎日，水をあたえる。

イ

毎日，肥料をとかした水をあたえる。

ウ

毎日，肥料をとかした水をあたえる。

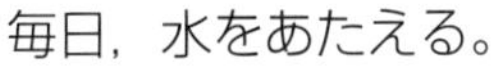

(　　と　　)

2 次の**ア**～**ウ**の中で，アサガオについて正しいものを１つ選び，記号を書きなさい。(10点)

ア　めばなとおばながある。　**イ**　受粉(じゅふん)すると実ができる。　**ウ**　柱頭(ちゅうとう)がない。

(　　)

3 右の図のように，たまごからかえったばかりの子メダカは，はらがふくらんでいます。このはらは，インゲンマメの子葉(しよう)と似(に)たようなはたらきをしますが，どのような点が似ていますか。書きなさい。(10点)

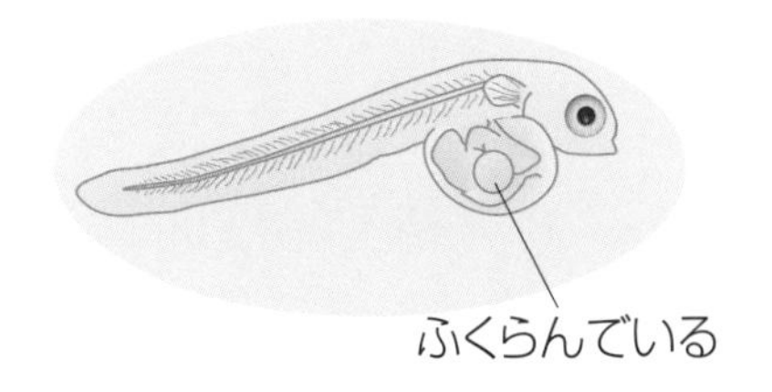

(　　　　　　　　　　)

4 人の子ども（たい児(じ)）の心臓(しんぞう)が動いて血液(けつえき)が流れ始めるのは受精(じゅせい)後約何週間のときですか。最も近いものを，次の**ア**～**エ**の中から１つ選び，記号を書きなさい。(10点)

ア　約４週間　**イ**　約９週間　**ウ**　約20週間　**エ**　約38週間

(　　)

❻ 右の図で２つの図形ⓐ・ⓘは合同です。
次の問いに答えなさい。（各４点）

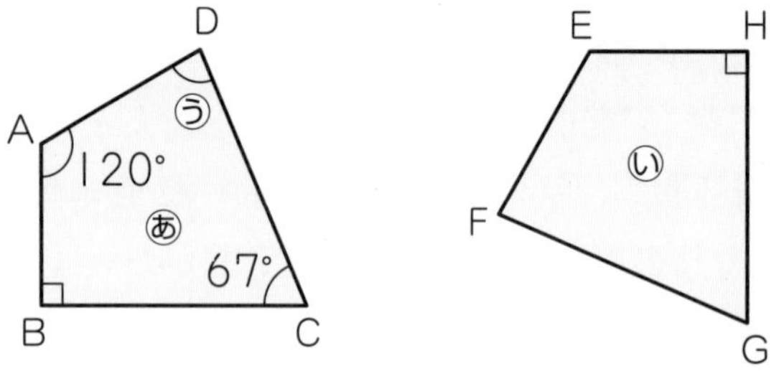

（1）ⓤの角度は何度ですか。

（　　　　　）

（2）辺 BC に対応する辺を答えなさい。

（　　　　　）

（3）角 A に対応する角を答えなさい。

（　　　　　）

❼ 下の表は，円の直径と円周の長さの関係を表にしたものです。次の問いに答えなさい。ただし，円周率は3.14とします。（各４点）

円の直径（cm）	7	14	21	28	35	…	ⓘ
円周（cm）	21.98	43.96	65.94	ⓐ	109.9	…	659.4

（1）表のⓐにあてはまる数を答えなさい。

（　　　　　）

（2）表のⓘにあてはまる数を答えなさい。

（　　　　　）

❹ 次の形の体積を求めなさい。(各４点)

(1) 1辺が1cmの立方体を積み上げてできた立体

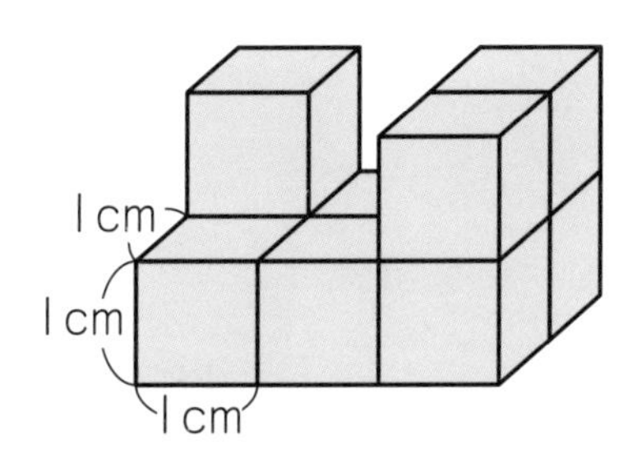

(　　　　　　　)

(2)

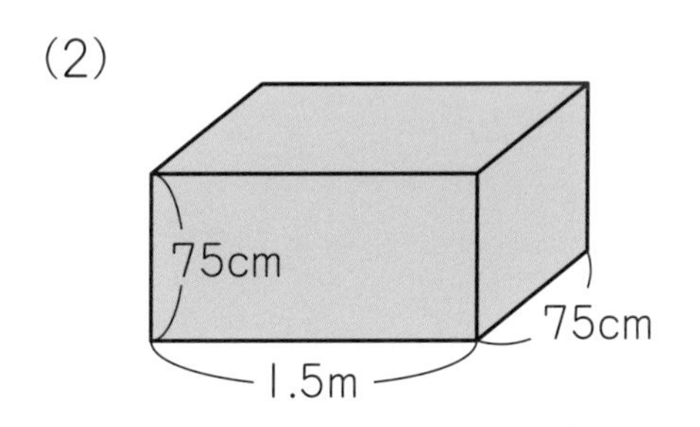

(　　　　　　　)

(3)

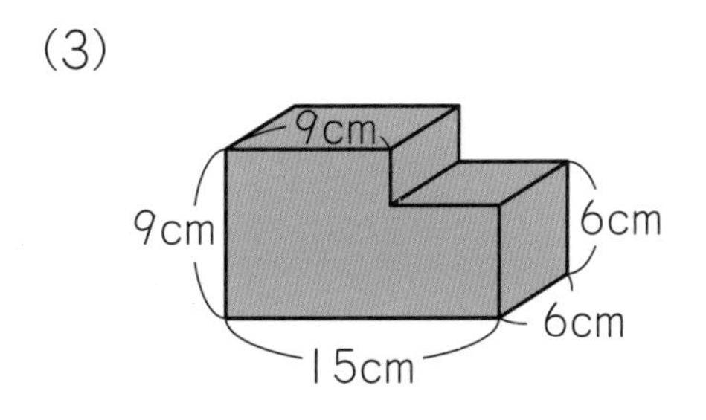

(　　　　　　　)

❺ ある店で，まなみさんは定価1600円の品物を1200円で買いました。このとき，次の問いに答えなさい。ただし，消費税は考えないものとします。(式・答え各４点)

(1) まなみさんは，定価の何％のねだんで買いましたか。

[式]

答え (　　　　　　　)

(2) 定価の何％引きで買ったことになりますか。

[式]

答え (　　　　　　　)

(2)

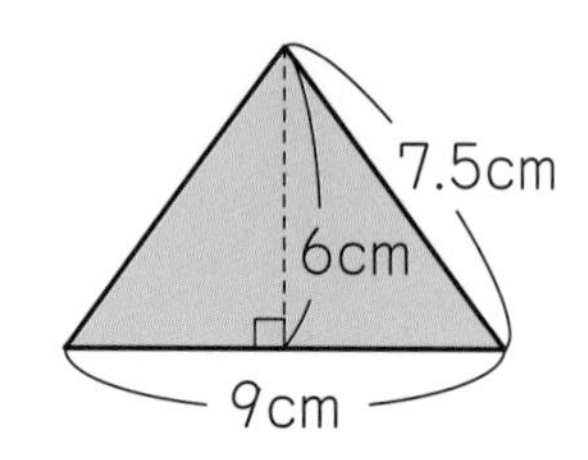

(　　　　　　)

(3)

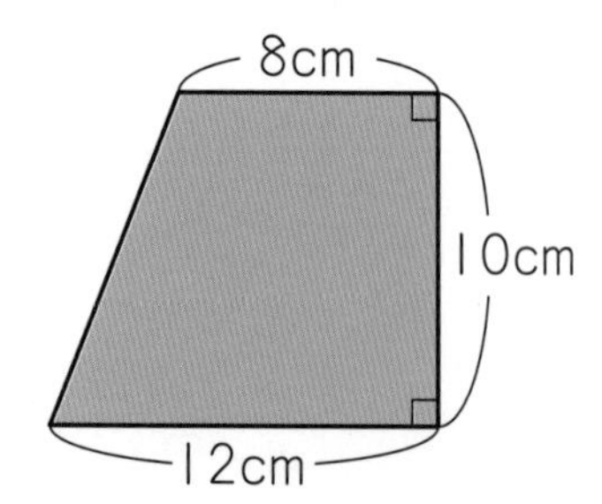

(　　　　　　)

(4)

ひし形

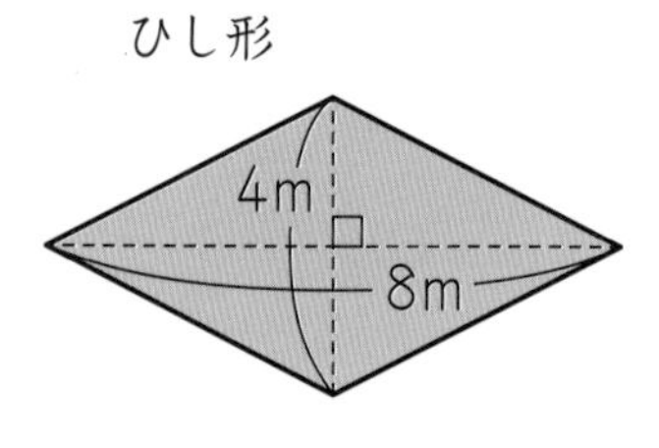

(　　　　　　)

❸ 次の問いに答えなさい。(式・答え各３点)

(1) 48.8L のジュースを 1.5L ずつビンに入れていきます。1.5L のジュースが入ったビンは何本できて，ジュースは何 L あまりますか。

[式]

答え (　　　) 本できて (　　　) L あまる

(2) りんごが６個あり，重さはそれぞれ 328g，311g，299g，308g，319g，304g でした。りんご１個の重さの平均は何 g ですか。

[式]

答え (　　　　　　)

まとめテストの問題は次ページに続きます。≫

まとめテスト 算数

目標時間 40分

得点　　　/100点

▶答えは『答えと考え方』の18，19ページにあります。

1 次の計算をしなさい。ただし，(5)，(6) はわりきれるまで計算しなさい。(各4点)

(1) $\frac{5}{6}+\frac{4}{9}$

(2) $2\frac{1}{4}-\frac{5}{7}$

(3) 3.25×12

(4) 12.3×0.45

(5) $2.94\div1.2$

(6) $18.84\div157$

2 次の図形の面積を求めなさい。(各4点)

(1)

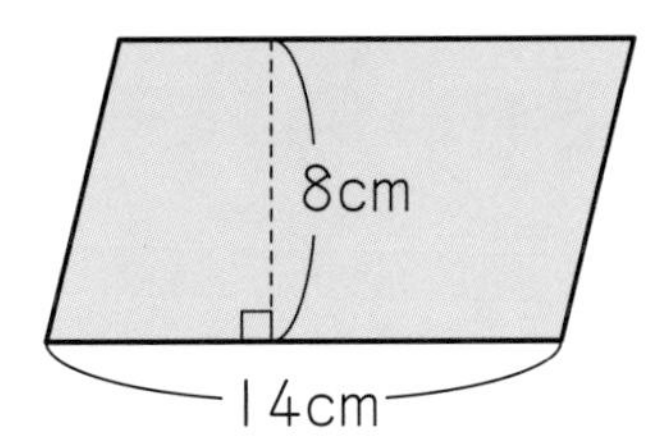

(　　　　　)

「まとめテスト」にチャレンジしよう！

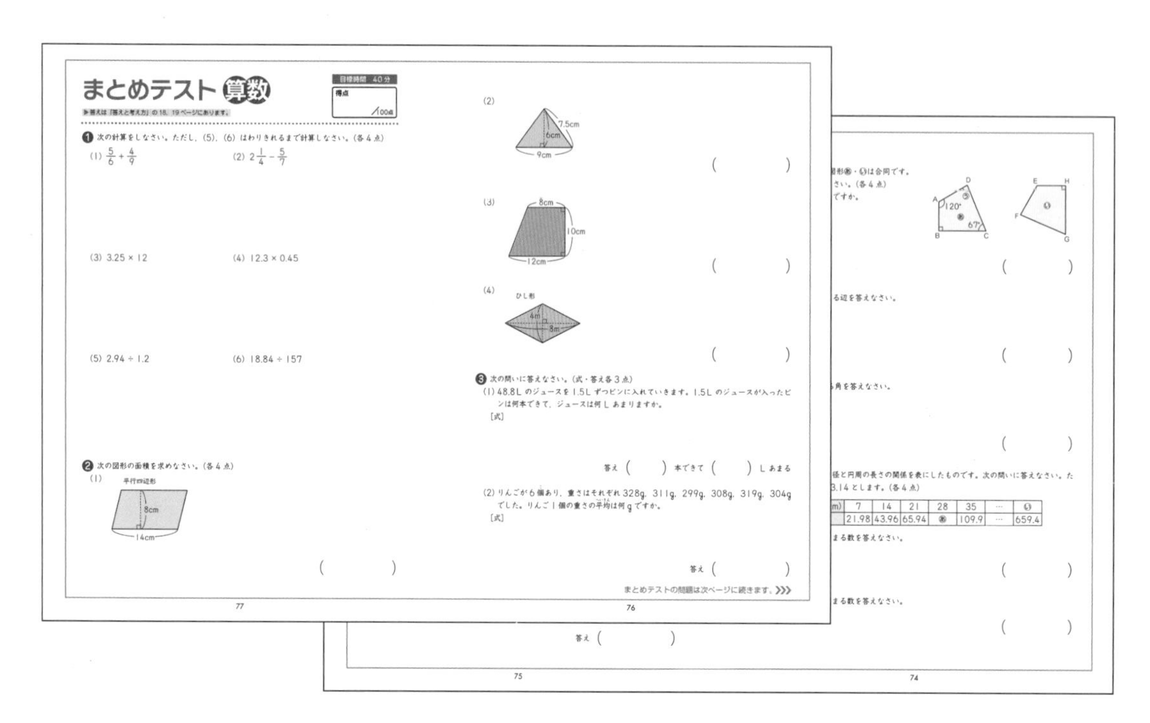
まとめテスト 算数

目標時間 40分

得点 /100点

1 次の計算をしなさい。ただし，(5)，(6) はわりきれるまで計算しなさい。（各4点）

(1) $\frac{5}{6}+\frac{4}{9}$　(2) $2\frac{1}{4}-\frac{5}{7}$

(3) 3.25×12　(4) 12.3×0.45

(5) 2.94÷1.2　(6) 18.84÷157

2 次の図形の面積を求めなさい。（各4点）

(1) 平行四辺形 8cm 14cm　（　　　）

(2) 7.5cm 6cm 9cm　（　　　）

(3) 8cm 10cm 12cm　（　　　）

(4) ひし形 4m 8m　（　　　）

3 次の問いに答えなさい。（式・答え各3点）

(1) 48.8L のジュースを 1.5L ずつビンに入れていきます。1.5L のジュースが入ったビンは何本できて，ジュースは何 L あまりますか。

〔式〕

答え（　　）本できて（　　）L あまる

(2) りんごが6個あり，重さはそれぞれ 328g，311g，299g，308g，319g，304g でした。りんご1個の重さの平均は何 g ですか。

〔式〕

答え（　　　）

まとめテストの問題は次ページに続きます。

77　76　75　74

			目標時間
■ 国語	……………	66 ～ 69 ページ	《50 分》
■ 社会	……………	71 ～ 70 ページ	《30 分》
■ 理科	……………	73 ～ 72 ページ	《30 分》
■ 算数	……………	77 ～ 74 ページ	《40 分》

「まとめテスト」の取り組み方

- 全部の回が終わったら「まとめテスト」に取り組もう。
- テストは，国語・算数・理科・社会の 4 教科あるよ。
- 4 教科まとめてやってもいいし，何日かに分けて取り組んでもいいよ。
- わからないところは，調べながら解(と)いてもいいよ。
- 終わったら，『答えと考え方』を参考にして自分で丸をつけてみよう。

これで 6 年生になってもバッチリだね。

第4回 毎日の習慣(しゅうかん)についてスピーチをしよう

学習日　　月　　日

毎日の習慣についてスピーチをしよう。まずは，あかりのスピーチを，英文を見ながら聞いてね。そのあと，英文を一文ずつ読むので，あとに続けてくり返そう。

Hi, class.
What time do you usually eat dinner?
I usually eat dinner at seven.
I sometimes help my mother.
I'm good at cooking.
I can cook spaghetti well.
Thank you.

みなさん，こんにちは。
みなさんはふだん何時に夕食を食べますか？
わたしはふつう7時に夕食を食べます。
わたしはときどき母を手伝います。
わたしは料理が得意(とくい)です。
スパゲッティを作るのが上手です。
（スピーチを聞いてくれて）ありがとう。

sometimes は「ときどき」という意味だよ。

＊書いてみよう，話してみよう

きみの一日の様子はどうかな？　上の英文を参考にしてスピーチを完成させよう。4行目にはみんなに伝えたいことを書いてみよう。

Hi, class.

What time do you usually eat dinner?

I usually eat dinner at (　　　　　　).

Thank you.

英語

＊くわしく見てみよう

What time do you ～？は，「あなたは何時に～をしますか？」とたずねるときに使う表現だよ。

What time do you get up?

～に他の動作を入れると，その動作をする時間をたずねることができるよ。

意味 何時に起きますか？

＊言ってみよう

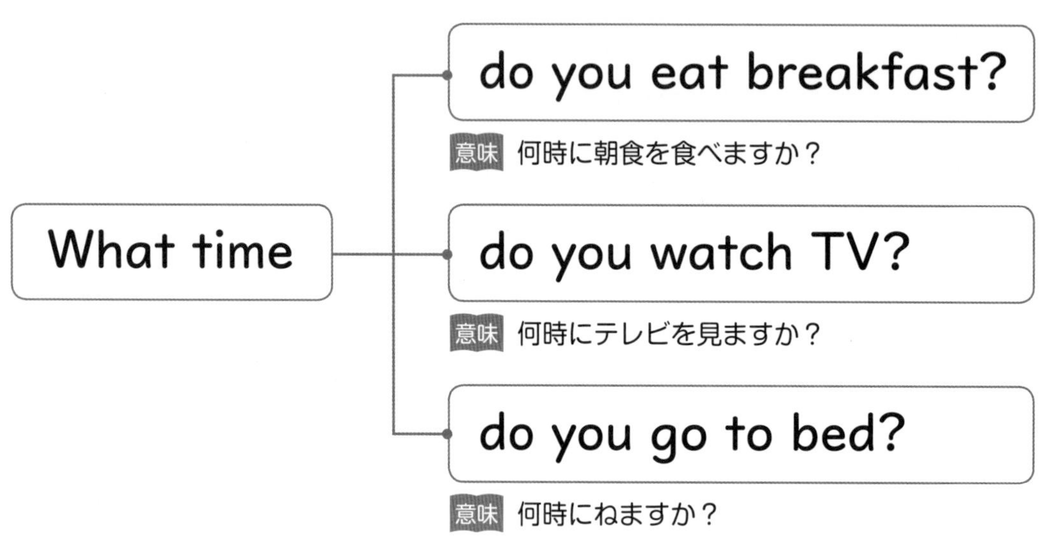

do you watch TV?

do you go to bed?

音声DL 06 聞いてみよう

答えるときは，こう言うことができるよ。

I
eat breakfast at seven thirty.
意味 わたしは7時半に朝ごはんを食べます。
usually
watch TV at five.
意味 わたしはふつう，5時にテレビを見ます。
always
go to bed at nine.
意味 わたしはいつも9時にねます。

「ふつう」「いつも」を表す語

usually　　always

ふつう，ふだん　　いつも

0%　→　100%

英語

第3回 毎日の習慣について話そう

学習日　　月　　日

ALTの先生とクラスのみんなが，毎日の生活について話しているよ。みんなはどんな一日を過ごしているのかな？

Tell me about your daily life.
一日の様子を教えてね。

What time do you get up?
あなたたちはいつ起きるの？

I always get up at six thirty.
わたしはいつも6時半に起きます。

I usually get up at seven.
ぼくはふだん7時に起きます。

But on Saturdays and Sundays, I always get up at five thirty.
でも，土曜日と日曜日は，いつも5時半に起きます。

英語

⑪ watch TV

テレビを見る

watch TV

⑫ take a bath

おふろに入る

take a bath

⑬ help my mother

母を手伝う

help my mother

⑭ cook spaghetti

スパゲッティを作る

cook spaghetti

⑮ eat dinner

夕食を食べる

eat dinner

⑯ go to bed

ねる

go to bed

✱時間を表す数

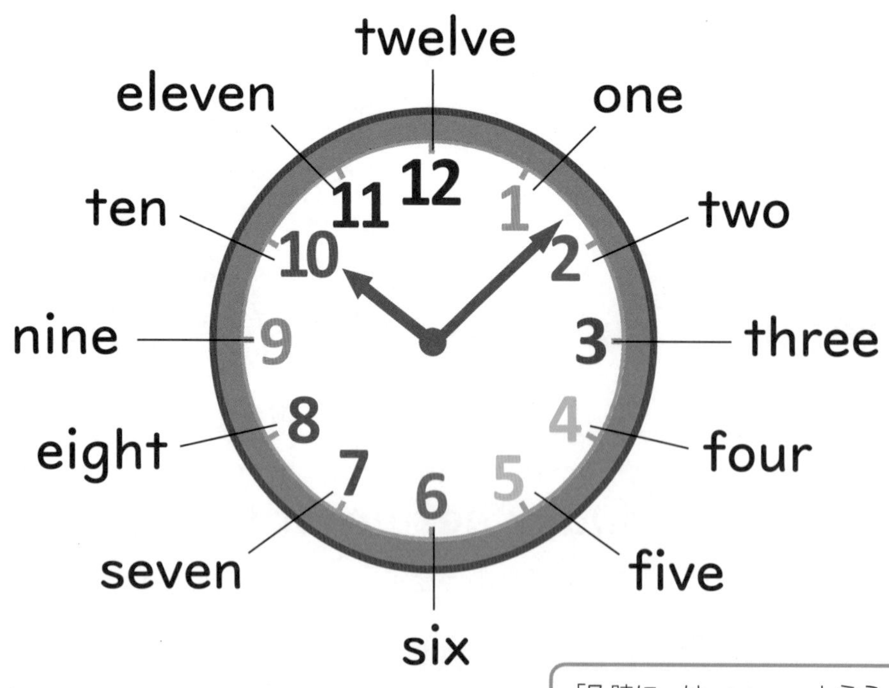

「7時に」は at seven と言うよ。
「7時半に」は at seven thirty
のように言うよ。

第2回 毎日の習慣に関する表現

学習日　　月　日

音声といっしょに発音し，うすい文字をなぞろう。

＊動作を表す表現

❶ wake up

目を覚ます

wake up

❷ get up

起きる

get up

❸ eat breakfast

朝食を食べる

eat breakfast

❹ leave home

家を出る

leave home

❺ walk to school

学校へ歩いていく

walk to school

❻ study Japanese

国語（日本語）を勉強する

study Japanese

❼ eat lunch

昼食を食べる

eat lunch

❽ get home

家に着く

get home

❾ do my homework

宿題をする

do my homework

❿ walk my dog

犬を散歩させる

walk my dog

英語

＊英文の書き方のきまり

日本語で文章を書くときにきまりがあるように，英文を書くときにもきまりがあるよ。どんなきまりがあるのか見てみよう。

単語の書き方

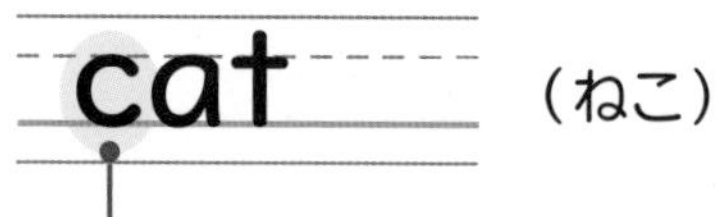

（ねこ）

単語は小文字で書きます。文字の間をつめすぎたり，あけすぎたりしないようにしましょう。

（メアリー：女の子の名前）

人の名前や国名，地名などは，大文字で書き始めます。

英文を書くときの基本的(きほんてき)なきまり

単語と単語の間は小文字１文字分くらいあけます。

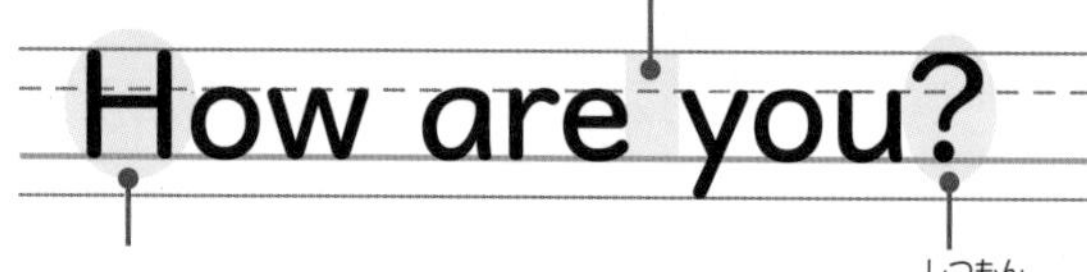

（元気？）

最初の文字は，大文字で書き始めます。

質問(しつもん)する文の終わりには，？（クエスチョンマーク）をつけます。

２つの単語をまとめて１つに書くときには，’（アポストロフィ）をつけます。

例）I am → I’m

I’m fine, thank you.（元気だよ。ありがとう。）

文の終わりには，．（ピリオド）をつけます。

「わたしは」を表すＩは，文の最初だけでなく，文のどこにあっても大文字で書きます。

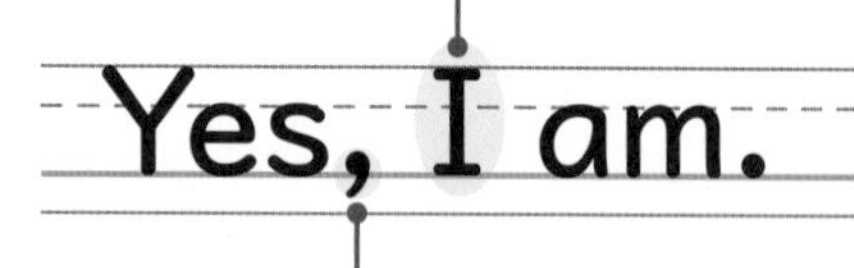

Yes ／ No のあとに I am ／ I’m not などが続く場合は，，（カンマ）がつきます。

上の文は，Are you ～？（あなたは～ですか？）と聞かれたときに，「はい，そうです。」と答える文だよ。

第1回 アルファベットと英文の書き方のきまり

学習日　　月　日

「アルファベット」には，大文字と小文字があるよ。まずは，うすい文字をなぞってみよう。その次に，書いてみよう。

Aa Aa　Bb Bb
Cc Cc　Dd Dd
Ee Ee　Ff Ff
Gg Gg　Hh Hh
Ii Ii　Jj Jj
Kk Kk　Ll Ll
Mm Mm　Nn Nn
Oo Oo　Pp Pp
Qq Qq　Rr Rr
Ss Ss　Tt Tt
Uu Uu　Vv Vv
Ww Ww　Xx Xx
Yy Yy　Zz Zz

※大文字と小文字で同じ形のものは，書き順を省略しています。
※書き順にきまりはなく，ここでは１つの例を示しています。

英語

英語

ページ

※英語はワーク形式のため『答えと考え方』はありません。

マークについて

…… 音声を聞いてみましょう。
音声の聞き方については下記をごらんください。

…… 文字をなぞったり，４線に書いてみたりしましょう。

…… おさえておきたいポイントです。

音声の再生方法について（おうちの方へ）

■ ダウンロード（パソコン）

https://www.zkai.co.jp/books/wkwk-5onsei/
お手持ちのパソコンからアクセスしてください。

■ ストリーミング（タブレット・スマートフォン）

右記のコードからアクセスしてください。

（音声DL 01 聞いてみよう）は音声ファイルのファイル番号に対応しています。マークの数字が「01」の場合は音声ファイル 01 をお聞きください。

挑戦(ちょうせん)しよう！

たからものを見つけよう

1 から 100 までの番号がかかれた箱が下の図のようにならんでいます。このうち 2 つの箱に〈たからもの〉がかくされています。

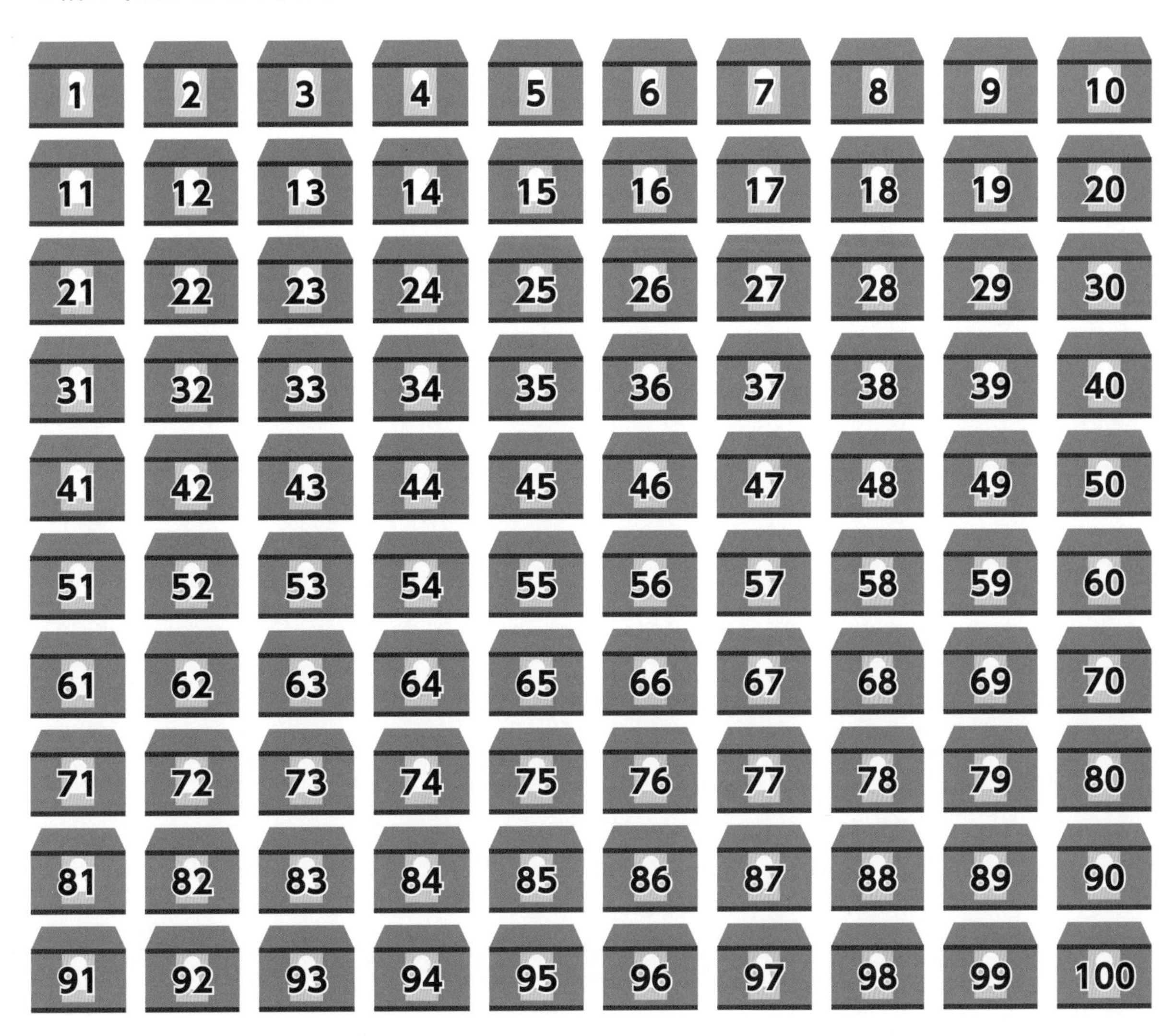

次のヒントを見て，〈たからもの〉がかくされている箱を 2 つ選んで答えましょう。

《ヒント1》〈たからもの〉は素数(そすう)の番号の箱にかくされています。
《ヒント2》〈たからもの〉がかくされている 2 つの箱の番号の平均(へいきん)は 50 です。
《ヒント3》〈たからもの〉がかくされている2つの箱の番号の最小公倍数は2419です。

〈たからもの〉がかくされた箱は（　　　）と（　　　）

2 の倍数，3 の倍数，…と順に消していけば，素数が見つかるね。

平均が 50 なので，和が 100 になる組み合わせを考えればいいね。

答え：〈たからもの〉がかくされた箱は 41 と 59

おうちの方へ

算数　教科書内容対照表

授業動画は
こちらから

まだ習っていないところは，学校で習ってから復習としてお使いください。

	教科書のページ					
	東京書籍	啓林館	学校図書	日本文教出版	教育出版	大日本図書
第１回 小数のかけ算	上 40 ～ 51 ページ	34 ～ 51 ページ	上 64 ～ 78 ページ	上 56 ～ 70 ページ	44 ～ 56 ページ	35 ～ 48 ページ
第２回 直方体と立方体の体積	上 16 ～ 31 ページ	16 ～ 27 ページ	下 83 ～ 103 ページ	上 38 ～ 51 ページ	16 ～ 33 ページ	50 ～ 64 ページ
第３回 小数のわり算	上 52 ～ 63 ページ	52 ～ 73 ページ	上 79 ～ 97 ページ	上 72 ～ 87 ページ	78 ～ 94 ページ	65 ～ 84 ページ
第４回 合同な図形	上 72 ～ 83 ページ	74 ～ 82 ページ	上 18 ～ 31 ページ	上 16 ～ 26 ページ	58 ～ 67 ページ	85 ～ 94 ページ
第５回 偶数と奇数， 倍数と約数	上 96 ～ 109 ページ	100 ～ 111 ページ	上 124 ～ 144 ページ	上 92 ～ 102 ページ	97 ～ 112 ページ	97 ～ 108 ページ
第６回 平均，単位量あたり	下 20 ～ 42 ページ	150 ～ 163 ページ	上 40 ～ 61 ページ	下 6 ～ 31 ページ	126 ～ 156 ページ	124 ～ 142 ページ
第７回 図形の角	上 84 ～ 95 ページ	83 ～ 89 ページ	上 112 ～ 123 ページ	上 27 ～ 36 ページ	68 ～ 77 ページ	16 ～ 28 ページ
第８回 分数のたし算とひき算	下 2 ～ 18 ページ	112 ～ 122 ページ	下 11 ～ 19 ページ	上 110 ～ 115 ページ	119 ～ 125 ページ	117 ～ 121 ページ
第９回 四角形と三角形の面積	下 44 ～ 64 ページ	128 ～ 149 ページ	下 42 ～ 65 ページ	下 76 ～ 98 ページ	198 ～ 221 ページ	202 ～ 220 ページ
第 10 回 速さ	下 34 ～ 41 ページ	220 ～ 227 ページ	上 98 ～ 107 ページ	下 23 ～ 29 ページ	147 ～ 156 ページ	222 ～ 231 ページ
第 11 回 割合とグラフ	下 66 ～ 94 ページ	172 ～ 183 ページ 200 ～ 209 ページ	下 30 ～ 41 ページ 下 104 ～ 121 ページ	下 42 ～ 54 ページ 下 100 ～ 111 ページ	168 ～ 195 ページ	154 ～ 185 ページ
第 12 回 正多角形と円， 角柱と円柱	下 100 ～ 123 ページ	190 ～ 199 ページ 212 ～ 219 ページ	下 68 ～ 80 ページ 下 122 ～ 131 ページ	下 56 ～ 71 ページ 下 118 ～ 127 ページ	222 ～ 238 ページ 240 ～ 248 ページ	186 ～ 198 ページ 232 ～ 242 ページ

Z会の通信教育のご案内

6年生の
学習内容を
チェック!

小学6年生の
学習のポイント、教えます。

Z会の通信教育は、
お客様から高い評価をいただいています。

イード・アワード2022
小学生の部 優秀賞

イード・アワード2022
小学生タブレットの部 最優秀賞

Z会の小学生向けコースで“つながる学び”を。

めざすのは、今も、そして将来にもしっかりと生きる“つながる”学び。進級後、さらには中学以降ますます多様化する学びにも対応できる「考える力」が身につく教材・指導法で、お子さまの今とこれからをサポートします。

小学生コース　<2024年度>

		教科	カリキュラム	レベル
1教科から受講可能	本科	国語	Z会オリジナル	スタンダード / ハイレベル
		算数	教科書対応	
		理科	教科書対応	
		社会	教科書対応	
		英語	Z会オリジナル	—
		プログラミング学習 ※小学生コース本科をご受講中であれば、お申込・追加費用不要でご利用いただけます。		
	専科	作文・公立中高一貫校適性検査・公立中高一貫校作文		

小学生タブレットコース　<2024年度>

		教科	カリキュラム	レベル
セット受講	本科	国語・英語・未来探究学習	Z会オリジナル	お子さまの理解度にあわせて変化します。
		算数・理科・社会	教科書対応	
		プログラミング学習 ※小学生タブレットコースをご受講中であれば、お申込・追加費用不要でご利用いただけます。		

～3つのアプローチで「考える力」を育みます～

- 品質に こだわり抜いた 教材
- お子さまに 寄り添う 個別指導
- 学習への 意欲を高める しくみ

※6年生向けには、難関国私立中学合格をめざす「中学受験コース」もございます。

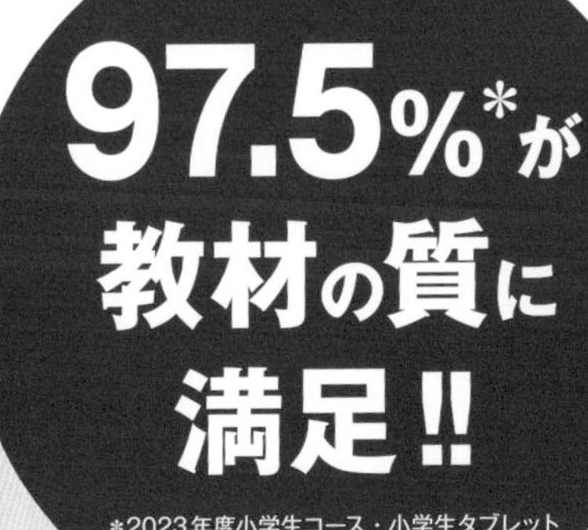

97.5%*が
教材の質に
満足!!
*2023年度小学生コース・小学生タブレットコース会員アンケートより

小学6年生の学習のポイント、教えます。

国語

教科書だけでは読む量が足りない！今から中学校での学習に備えた読解力を。

中学の国語は、文章の難度も上がり、より深い読み取りが要求されるようになります。6年生は中学を意識して、少し難しい文章にも挑戦したい時期。教科書だけではなく、たくさんの文章や本にふれながら、高度な読解力を養っていきましょう。

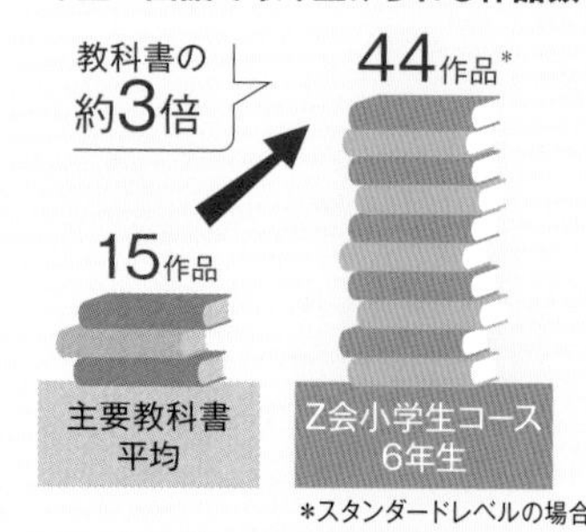

*スタンダードレベルの場合

Z会なら

厳選された数多くの文章にふれて、確かな読解力を養成！

オリジナルカリキュラムで教科書とは異なる文章にたくさんふれ、多様な文章を読み解く力をつけます。解説では、読解の手順や方法をくわしく説明しているので、正解にいたるまでの道筋をきちんと身につけることができます。

算数

中学の数学につながる大切な内容を学習します。

6年生の算数では、中学数学につながる大切な内容を学習します。数学というと学習内容が急に難しくなるような印象がありますが、あくまでも算数が土台になります。まずは小学校の学習内容を確実に理解しておくことが大切です。

ここでつまずく　「文字と式」「比・比例」

Z会なら

算数の本質を伝える指導で、中学の数学につながる応用力を身につける！

各単元でのポイントを、算数の本質的な内容も含めて、わかりやすく解説。別解も積極的に紹介し、さまざまな視点からの解き方を知ることで、柔軟に考える力や応用力を養います。

※画像は小学生コースのものです。

理科

化学や物理の「実験」から考察する内容が多くなります。

6年生では実験が必要な単元が増えます。「なぜこの実験をするのか」といった根本的な部分や、実験の「内容」「結果」「わかったこと」をきちんと理解することが大切。また、5年生までに学んだ知識を複雑に組み合わせた内容も学習します。

! ここでつまずく 「電気の利用」「てこのはたらき」「水溶液の性質」

Z会なら

根本的な「なぜ?」から「わかったこと」まで、丁寧にわかりやすく説明!

実験の内容と結果はひと目でわかるように、図などを効果的に用いて示します。解答・解説では、丁寧に順を追った考え方の説明を読み、図を見てイメージすることで、理解がさらに深まります。

社会

中学社会にそのままつながる公民や歴史を学習します。

公民では、憲法や政治のしくみ、日本と世界の関わりを学び、自分を取り巻く環境への視野を広げていきます。歴史では、それぞれの時代の特徴や、物事の因果関係に着目して学んでいきます。いずれも、中学の社会に直結する重要な分野であり、しっかり学習することで、中学での学習をスムーズに行うことができます。

! ここでつまずく 「日本国憲法」「民主的な社会のしくみ」「日本のはじまり」

Z会なら

歴史の流れを重視した学びで、歴史学習の土台をしっかり築く!

歴史学習では、学習している時代が歴史全体の中のどの部分にあたるのか、端的に示し、時代の流れを明確に整理。過去-現在-未来のつながりを重視した説明で、学ぶ意欲をかき立てます。

英語

「聞く」「話す」だけでなく、「書く」「読む」学習にも取り組みます。

6年生の学習では「聞く」「話す」アクティビティで英語に親しむだけでなく、「書く」「読む」学習にも取り組んだり、夏休みの思い出や将来の夢を英語で発表したりすることで、中学校での英語学習につなげていきます。

Z会の小学生コースなら

英語を実際に「使う」経験ができます。

音声の再生や録音ができるWebアプリから、英語の音声を気軽に聞きながら学習することができます。さらに毎月、テキストで学習した表現を用いて、外国人講師と実際に会話をするオンラインレッスンつき。英語を積極的に使う姿勢と、英語の基本表現を自然に身につけることができます。

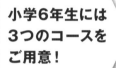

答えと考え方

答えと考え方

★ 自分の答えと『答えと考え方』をくらべて，どのようなまちがいをしたのかや，正しい考え方を確認(かくにん)しましょう。

★ 正解(せいかい)した問題も，考え方が合っているか，ほかの考え方があるかなどを確(たし)かめるために，「考え方」を読みましょう。

★ 答え合わせが終わったら，「得点」を記入しましょう。

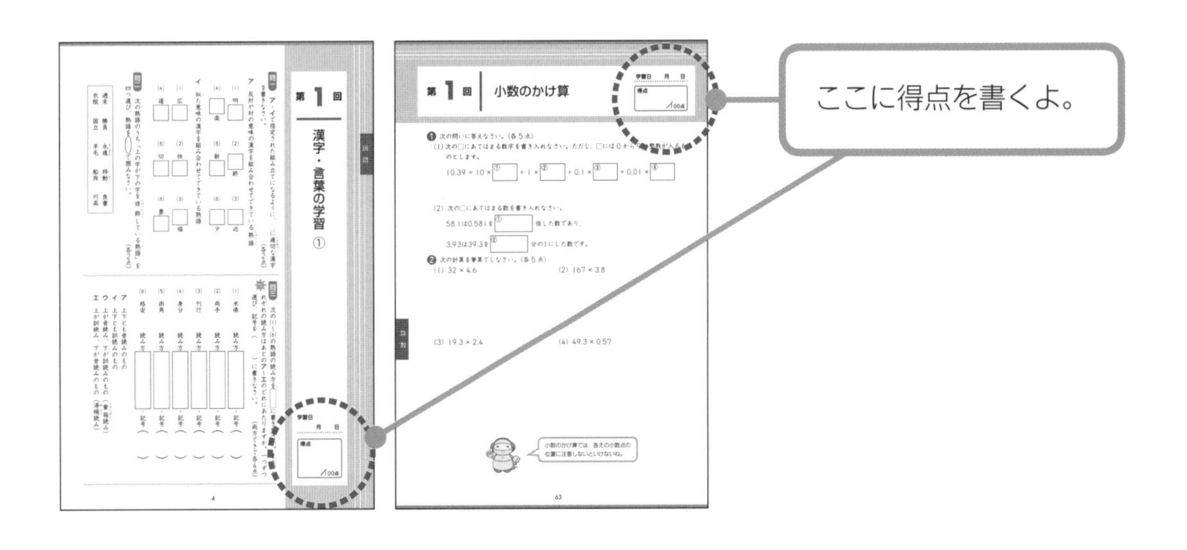

目次

算数・理科・社会は後ろから始まるよ。

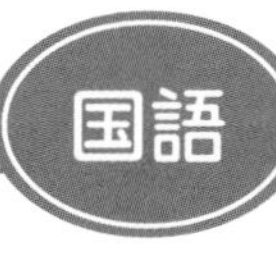

第1回　漢字・言葉の学習①

考え方

問一　ア・イともに、設問に書かれている漢字の意味をもとに、□に入る漢字を考えましょう。

ア　(5)に入る「旧」は「古い」という意味です。

イ　(5)「切断」は、「切る」と「断つ」という似た意味の漢字を組み合わせてできている熟語です。

問二　答えのそれぞれの熟語は、「週の末（終わり）」「良い書」「羊の毛」「船の旅」という意味をもち、上の字が下の字を修飾する関係になっています。また、他の熟語は、次のような関係です。

> 勝負＝反対や対の意味の漢字を組み合わせてできている熟語
> 永遠・移動・衣服＝似た意味の漢字を組み合わせてできている熟語
> 国立・円高＝上の字と下の字が主語と述語の関係になっている熟語

問三　熟語の読み方は四種類あります。「上下とも音読みのもの」「上下とも訓読みのもの」が基本ですが、「上が音読み、下が訓読みのもの（重箱読み）」、「上が訓読み、下が音読みのもの（湯桶読み）」もあります。(2)は「両」が音読み・「手」が訓読みで、(6)は「格」が音読み・「安」が訓読みなので、ともに「重箱読み」です。(4)は「身」が訓読み・「分」が音読みなので「湯桶読み」です。

問四　(1)の「短所」は「他と比べておとっているところ」という意味なので、類義語は「よくないところ」を表す「欠点」です。また、対義語は「すぐれているところ」という意味の「長所」です。(2)の「自然」と類義語の「天然」は、「人が手を加えていないこと」の意味です。対義語は「自然のものに人が手を加えたもの」の意味の「人工」です。(3)の対義語「不調」の「不」は、打ち消しの意味をもつので、「好調ではない」という意味です。類義語の「快調」の「快」は「こころよ（い）」と読み、気分がよいことを表す語です。(3)のように、熟語の中の漢字が共通していると考えやすいですね。(4)の「方法」と「手段」は、ともに「目的を成しとげるためのやり方」という意味です。よって、対義語は「目的」です。(5)の「不満」「不服」は、それぞれ「満足がいかない」「納得しない」という意味です。(6)「賛成」と似た意味の言葉には、「同意」の他にも「賛同」があります。

問五　(1)の「往復」は、「行ったり来たりすること・行ってまた帰ってくること」という意味です。(6)の「群」は、「むら（がる）」の他に、「む（れる）」という読み方もあるので、送りがなに注意しましょう。(8)「八百屋さん」、(9)「景色」、(10)「手伝い」は特別な読み方なので、気をつけましょう。

答え

問一
ア (1)暗　(2)始　(3)遠　(4)苦　(5)旧　(6)多
イ (1)大　(2)楽　(3)幸　(4)路　(5)断　(6)富

問二　週末・良書・羊毛・船旅

問三
(1)おりもの・**イ**
(2)りょうて・**ウ**
(3)かんこう・**ア**
(4)みぶん・**エ**
(5)まちかど・**イ**
(6)かくやす・**ウ**

問四
(1)対義語**ケ**　類義語**サ**
(2)対義語**ウ**　類義語**シ**
(3)対義語**キ**　類義語**エ**
(4)対義語**ア**　類義語**ク**
(5)対義語**オ**　類義語**イ**
(6)対義語**カ**　類義語**コ**

問五
(1)おうふく　(2)かかく
(3)えん　(4)げんいん
(5)と　(6)むら
(7)けわ　(8)やおや
(9)けしき　(10)てつだ

第2回 説明文の読み取り①

考え方

問一 ——①の直後の、「たとえば」という語に注目します。「たとえば」は、あとに具体例をあげるときに使う接続語なので、続く第二・第三段落の内容を見ていきましょう。その内容は、次のようにまとめることができます。

> フェライトという材料をまぜた塗料
> ・電波をきゅうしゅうして、テレビのうつりが悪くなったという問題を解決する
> ↓平和のために活用
> ・戦とう機の表面にぬって、敵のレーダーにうつりにくくする
> ↓軍事利用

このように、——①の「科学の成果」の具体例として「フェライトという材料をまぜた塗料」があげられ、それが「平和のために活用」され、「逆に軍事利用」もされたということがわかりますね。よって、「フェライトという材料をまぜた塗料」が答えになります。

問二 ——②の続きを読むと、「〜ため」という表現が見つかります。

> 科学者だから取り組んでいるのではありません。あくまでも人間として、また社会の一員として生きるために続けてきました。（12〜14行目）

この部分から、何のために筆者が——②の行動をとったかがわかります。「科学者だから取り組んでいるのではありません」という部分も解答に入れて、字数に合うようにまとめましょう。

問三 ——③を解決するために、筆者が「大切」と主張している部分をとらえます。——③のある段落の最後に、次の一文があります。

> 理くつではなく「いじめはかっこ悪い」とか「いやがらせは良くない」といった一人ひとりの思いが大切だと思います。（25〜26行目）

ここから、三十七字になる部分をさがし、書きぬきましょう。なお、文末に「〜と思います。」「〜なのです。」といった表現があるときは、そこに筆者の主張が書かれていることが多いです。

問四 ——④のあとの、「というのも〜からです」という形になっている一文が、理由を説明している部分です。

> というのも、かく兵器以外の兵器の性能もどんどん向上している中で、かく兵器さえなくなればよいというのでは十分でないと思うからです。（31〜33行目）

設問では「五十字以内で」と指定されているので、この部分を字数に合うようにまとめましょう。

問五 問題文全体をよく読み、**ア**〜**エ**の内容が問題文と合っているかどうかを確認します。

ア 「科学の成果」について、9〜10行目に「どのように利用するのかは一人ひとりの『人間』の問題になってくる」とあるので、**ア**は適切です。

イ 第五段落より、筆者が、科学者として持っている知識や思考を平和のために役立てたいと考えていることがわかるので、**イ**は適切です。

ウ 第九段落で述べられている国際的なルールは、筆者が考えていることであり、「すでに進められている」ことではありません。**ウ**が正しくない内容なので、これが正解です。

エ 第六・第七段落や最終段落より、戦争のほか、身近ないじめやいやがらせの問題を見過ごさずに、解決に向けて行動していくことが大切だという筆者の考えが読み取れますね。**エ**は適切です。

答え

問一 フェライトという材料をまぜた塗料

問二 科学者だからではなく、人間として、また社会の一員として生きるため。（33字）

問三 最初＝「いじめは　最後＝とりの思い

問四 かく兵器以外の兵器の性能も向上していて、かく兵器さえなくなればよいというのでは十分でないから。（47字）

問五 ウ

第3回 漢字・言葉の学習②

考え方

問一 「無・不・非・未」は、どれも打ち消しの意味を表す漢字です。「無」は、下につく漢字によって、「む」と読む場合と「ぶ」と読む場合があります。

> 「む」→「無口」「無理」「無反応」など
> 「ぶ」→「無事」「無礼」「無愛想」など

問二 四字熟語の問題です。それぞれの意味は次のとおりです。

> 品行方正＝心や行動がきちんとしていて、正しいこと。
> 意気投合＝たがいの気持ちがぴったり合うこと。
> 自由自在＝自分の思いどおりになること。
> 有言実行＝自分の言ったことを実際に行動に移すこと。

問三 (1)の「始・初」「早・速」は送りがなも同じ読み方なので、問われることが多い漢字です。「始め」は「物事を新しく行うこと」という意味で、「初め」は「時期や時間の前の方」という意味です。「早い」は時期や時間に使い、「速い」は速度に使います。また、「夢中」は、「一つの物事に熱中すること」の意味です。

(2)の「仕事」は、ここでは「職業」の意味です。「設計」は、ここでは「建物や機械をつくる際に、完成形を図面に表す」の意味です。「不便」は「便利ではない」という意味です。文章の内容と熟語の意味から考えると、「弁」ではなく「便」が正しいと判断しやすいですね。

問四 代表的な慣用句は意味もしっかり覚えておきましょう。それぞれの意味は次のとおりです。

> 手にあせをにぎる＝物事のなりゆきについて、どうなることかと緊張すること。
> かたを落とす＝かたの力がぬけるほど落ちこみ、元気をなくすこと。
> 気が気でない＝不安や心配事があり、落ち着いていられないこと。
> 荷が重い＝責任や負担を大きいと感じること。

問五 それぞれの意味と使い方は次のとおり。

> 目にあまる＝他人の行いなどがあまりにひどくて、見過ごせないこと。
> 【例】「弟の言葉づかいが乱暴で目にあまる」
> 血もなみだもない＝人間らしいやさしさがまったくないこと。
> 【例】「血もなみだもない仕打ち」
> 羽をのばす＝気になることがなくて、のびのびと自由にふるまうこと。
> 【例】「テストが終わったので羽をのばす」
> 気が短い＝せっかちで、すぐにいらついたりおこったりする性格のこと。
> 【例】「父は気が短いので、行列にならぶのが苦手だ」

問六 漢字の書き取り問題です。(2)「許可」の「許」は、右側を「牛」にしないように気をつけましょう。(3)「競技」の「競」は、下側の形が左右でことなるので注意が必要です。また、(4)「ねこの額」とは、「とてもせまいこと」という意味の慣用句です。(8)「博識」の「博」は、右上の点を書きわすれてはいけません。また、「博識」とは、「知識を広くもっていること」という意味です。

答え

問一 (1)未 (2)無 (3)非 (4)無 (5)不

問二 (1)品 (2)投 (3)在 (4)実

問三 (1)始→初・無→夢・早→速 (2)士→仕・接→設・弁→便

問四 (1)ア (2)ア (3)イ (4)ア

問五 (1)目 (2)血 (3)羽 (4)気

問六 (1)過去 (2)許可 (3)競技 (4)額 (5)逆 (6)慣 (7)眼科 (8)博識

国語

第4回 物語の読み取り①

考え方

問一 （　A　）の前後に注目して、ここでの嘉穂の気持ちをとらえましょう。嘉穂は、先生が「待ち構えていた」レッスン室に、「おずおずと」入っていますね（1〜2行目）。先生から「昨夜の歌を注意されると身構えて」いたのです（4行目）。ところが、先生は昨夜の歌にはふれずに発声練習を始めようとしました。このことから、（　A　）には、物事が予想とちがっていて気がぬける様子を表す「ひょうしぬけ」があてはまります。「身ぶるい」は、寒さやきょうふ・感動などでふるえる様子、「気落ち」は、がっかりして気力をなくす様子を表す言葉なので、この場面では適切ではありません。また、「大喜び」も、「おずおずと」「身構えて」といった嘉穂の様子とは合いませんね。

問二 12行目で、先生が「で、嘉穂ちゃんはどう思った？」とたずねています。そのあとの一文には、次のように書かれています。

> 嘉穂は、声が固まって自分のそばにぽろぽろと落ちていく感じだったと、感じたままをいった。（13〜14行目）

この部分が、嘉穂が自分の歌について感じた内容になるので、最初の五字を書きぬきます。

問三 ――②の「そういうもん」には、「そう」という指示語がふくまれていますね。指示語は前の内容を指し示す場合が多いので、直前の一文を見てみましょう。

> 両足をふんばって、おなかに力をいれて、大地のエネルギーを体を通して空にとどける。（21〜22行目）

ここが、「そう」の内容です。設問の、『〜もの。』に続く形で」「二十字で」という指定に合わせて、右の文から書きぬきます。

問四 ――③をふくむ嘉穂の言葉と、それに対する先生の答えに注目しましょう。

> 「じゃ、あたしがものすごく下手って感じたのは」
> 「そう、簡単よ。うまくなっているってこと」（29〜30行目）

嘉穂が自分の歌を下手だと感じたのは、嘉穂の歌がうまくなっているからだと先生は言っているのですね。この内容をもとに、指定字数に合うように答えを書きましょう。

問五 先生の話を聞いたあとの嘉穂の気持ちは、次のように書かれています。

> 今はこのくらい。でも、明日は、そしてその次の日は、もっといい声がだせるかもしれない。（41〜42行目）

問四で見たように、先生の言葉を聞いて、嘉穂は自分の歌が上達していることに気づかされました。そうして、一つのかべを乗りこえて次のかべにぶつかっている今の自分を受け止めて、「明日は、そしてその次の日は、もっといい声がだせるかもしれない」と前向きな気持ちになっていますね。したがって、正解は**エ**です。

アは、「昨夜うまく歌えなかったことからまだ立ち直れない」が正しくありません。嘉穂は前向きな気持ちになっているので、昨夜の失敗から立ち直っていると言えますね。

イは、「先生は今日の本番でもうまく歌えないだろうと見放している」が、**ウ**は、「自分にいい声をだせるはずがない」「今後は気楽に歌っていこう」がそれぞれちがっています。いずれも、問題文からは読み取れません。

答え

問一 ウ

問二 嘉穂は、声

問三 大地のエネルギーを体を通して空にとどける（もの。）

問四 嘉穂の歌がうまくなっているということ。（19字）

問五 エ

第5回 漢字・言葉の学習③

考え方

問一 慣用句は、ただ意味を覚えるだけでなく、文脈に合うものを選べるようにしましょう。**ア**～**カ**の意味を確認します。

> 愛想をつかす＝あきれて、相手に信らいや好意の気持ちをなくすこと。
> 血がさわぐ＝気持ちが高ぶり、じっとしていられなくなること。
> 口が減らない＝何を言われても、負けずに反論などをすること。
> 途方にくれる＝どうしたらよいかわからず、ぼう然とすること。
> 息をつく＝安心すること。また、一休みすること。
> 頭を冷やす＝気持ちを落ち着けて、冷静になること。

問二 (1)～(3)のことわざの意味は次のとおり。

> 百害あって一利なし＝害になる悪いことばかりで、よいことは一つもないこと。
> 七転び八起き＝多くの失敗に負けず、そのたびに立ち上がること。
> 類は友をよぶ＝気の合う者や似た者同士は、自然と集まること。

問三 **問二**と同じく、ことわざの問題です。この問題では、それぞれのことわざの意味を選びます。(1)の「身から出たさび」は、四字熟語の「自業自得」と同じ意味です。また、**ア**の「苦労したことが台無しになってしまうこと」という意味をもつことわざには、「水のあわとなる」があります。

問四 対義語はセットにして覚えておきましょう。(3)の「収入」は、「お金を受け取って、自分のものにすること」という意味で、「支出」は反対に、「ある目的のためにお金を支はらうこと」という意味です。

問五 類義語も**問四**の対義語と同じように、セットにして覚えましょう。

(2)の「応答」は、「応」と「答」のどちらも「こたえる」という意味の漢字です。(3)の「使命」は「与えられた重大な務め」という意味なので、類義語は「任務」です。

問六 (1)の「キく」は、文脈から「効果がある」「よい効能がある」と考えて、合う意味の漢字を選びましょう。(2)の「農耕」とは、「お米や野菜などの作物を作ること」という意味です。また、「功」は「成功」「功労」、「航」は「航空」「航海」といった熟語に使います。(3)の「寄付」は「料金などを受け取らずに、人や団体に物をゆずること」です。「基」は「基地」「基本」、「規」は「規則」「規定」といった熟語に使います。(4)の「国キョウ」とは、国同士のさかいという意味なので、「境」が当てはまります。「鏡」は「望遠鏡」「鏡台」、「競」は「競技」「競争」などの熟語に使います。

問七 どの送りがなも注意が必要です。とくに(1)の「喜（よろこ）ぶ」や、(2)の「断（ことわ）る」のように、漢字一字で三字の読みをもつものには気をつけましょう。

さらに(1)の「喜」は、一画目の横画が三画目の横画より長くなるように書きましょう。「土」ではなく、「士」が正しい形です。

答え

問一 (1) **イ** (2) **ア** (3) **オ** (4) **エ**
問二 (1) 害 (2) 八 (3) 類
問三 (1) **ウ** (2) **イ**
問四 (1) 不 (2) 禁 (3) 支 (4) 功
問五 (1) 無 (2) 答 (3) 務 (4) 向
問六 (1) 効 (2) 耕 (3) 寄 (4) 境
問七 (1) 喜ぶ (2) 断る (3) 直ちに

第6回 説明文の読み取り②

考え方

問一 (1) ――①は、6~7行目の、「気ほうがはじける音」を表現したものです。ただし、これだけでは設問の「二十字以内」という指定に合わないので、どのような気ほうなのか具体的に書きましょう。1~3行目より、「氷山の氷」の中に気ほうが入っていることがわかります。

(2) 10~12行目に注目しましょう。筆者たちが、「氷山のつぶやき」「氷山のささやき」(8行目)とよんだ音について想像を広げている様子が書かれているので、ここから、指定に合う三十字の表現をさがします。筆者たちは、「プチュプチュというような音」から、空気が小さな声で話す様子を想像していたのですね。

問二 ――②と同じ段落で、北極と南極の氷山の形がちがう点について述べたあと、次のような説明があります。

> この理由は、北極は海なのに、南極には真ん中にどっかりと大きな大陸があることです。(20~21行目)

このことが、北極と南極とで氷山の形がちがう一番大きな原因になっていると読み取れるので、(a)には「海」が、(b)には「大陸」が入ります。なお、(b)は、25行目にある「陸地」と答えても正解です。

問三 ――③は、南極における氷山の形です。次の第七段落で、南極における氷山のでき方がくわしく説明されています。

> **ラインを引こう**
> 21~23行目 南極では、この大陸のうえにふり積もった雪が分厚い氷床となり、それが海のうえにすべり出したあとちぎれて氷山となるため、テーブル型氷山が多くなるのです。

設問では、雪が氷床になるまでのことはすでにまとめられていますね。したがって、解答としてまとめるのは「それが海のうえにすべり出したあとちぎれて氷山となる」という部分です。「それ」は「氷床」と言いかえて解答しましょう。

解答するときは、「それ」「これ」などの指示語は言いかえよう。

問四 問題文と照らし合わせながら、**ア**~**エ**を確認していきましょう。

ア 第一段落と第五段落に、氷山の氷について、「とてもおいしい」(1行目)「飲料水としても最高」(13行目)とあります。しかし第二段落には、「気ほうがたくさん入っていて、氷といってもとう明ではありません」(2~3行目)と書かれています。そのため、**ア**は適切ではありません。

イ 氷山の形のちがいについては、第六段落で、「四角いビルディングのような『テーブル型氷山』」「さまざまな形にくずれたもの」と、それぞれ説明されています。また、大きさのちがいについても、「(北極は)南極に比べれば小さい氷山が多い」(26行目)とあります。**イ**が正解です。

ウ 北極の氷山がとけることについて、26~27行目に「海に流れ出てからとける」とはありますが、「北極の海では氷がとけやすい」という内容はありません。よって、**ウ**は適切ではありません。

エ 28~29行目に「わたしが最初に南極に行った七次隊のとき」とはありますが、氷山のでき方については「昭和基地へと向かう途中」(30行目)としか書かれていません。氷山のでき方を調べるために南極へ行った、ということは読み取れないので、**エ**は適切ではありません。

答え

問一 (1) 氷山の氷の中にある気ほうがはじける音。(19字)
(2) 最初=何万年前の
最後=わしている(様子。)

問二 a=海　b=大陸(または)陸地

問三 氷床が海のうえにすべり出したあとちぎれて氷山となる。

問四 イ

第7回 漢字・言葉の学習④

考え方

問一 (2)の「道連れ」は、「道」と「連れ」が組み合わさってできている言葉なので、「道」「連れ」と分けて考えるとわかりやすくなります。

問二 (1)のように理由を述べるときには文末を「〜からです。」とし、(2)のように具体的な事柄を述べるときには「〜ことです。」とします。

問三 前の文と後ろの文との関係に注目して、合う接続語を考えましょう。(1)のように、前の文と後ろの文の内容が反対になっているときは、「けれど」を使います。(2)のように、前の文が後ろの文の理由や目的を表すときは、主に「ので（なので）」を使います。また、「ので（なので）」の代わりに「から（だから）」、「けれど」の代わりに「が（だが）」「のに」を用いても同じ意味になります。

接続語については、第9回の解説（9ページ）でも説明するよ。しっかり読もうね。

問四 (1)は、「小さい」のが「（茶色の）目」と「ねこ」のどちらとも考えられます。(2)は、「あわてて」いるのが「母」なのか「（走っていく）弟」なのかがあいまいです。(3)は、「大きい」のが「お肉」と「ハンバーガー」のどちらとも考えられます。

　このようなあいまいさをなくしてわかりやすい文にするには、「くわしくする言葉（修飾語）」の位置を変えることが大切です。(1)は「小さいねこ」、(2)は「（母は）あわてて追いかけた」、(3)は「大きなハンバーガー」のように直すと、文の内容がはっきりしますね。

文を書くときは、修飾語の位置に注意が必要なんだね。

問五 (1)は「資料集」と書くので、同じ漢字を使うのは**ウ**の「資格」です。その他、**ア**は「飼育係」、**イ**は「試合」、**エ**は「意志」と書きます。「意志」の同音異義語には「意思」もありますが、「意志」は「物事を達成しようという気持ち」の意味で、「意思」は「考えや意見」の意味です。文の内容に応じて書き分けましょう。

　(2)は「複雑」と書き、同じ漢字を使うのは**エ**の「複製画」です。「複製」とは、「ある物とそっくりに作ること。また、作った物」という意味です。**ア**は「回復」、**イ**は「福引き」、**ウ**は「服用」と書きます。「服」には「薬や茶などを飲む」という意味があり、「内服」「服薬」という熟語があります。

　(3)は「講師」で、同じ漢字を使うのは**ウ**の「講習会」です。その他、**ア**は「鉱山」、**イ**は「健康」、**エ**は「構造」と書きます。

答え

問一 (1) **イ**　(2) **ア**

問二 (1) 毎日授業の予習をしているからです。
(2) うちゅう飛行士になることです。
（または）うちゅう飛行士です。

問三 (1) 自信があったけれど、失敗してしまった。
(2) 来週はマラソン大会があるので、早く起きて練習する。

問四 (1) 茶色の目をした小さいねこを飼う。
(2) 母は走っていく弟をあわてて追いかけた。
（または）走っていく弟を母はあわてて追いかけた。
(3) お肉をはさんだ大きなハンバーガーを食べる。

問五 (1) **ウ**　(2) **エ**　(3) **ウ**

第8回 物語の読み取り②

考え方

問一　本文は、凛（わたし）と葵との会話から始まります。クリスマス・イブの計画や初もうでに葵をさそったとき、葵はどう答えたでしょうか。

・「クリスマス・イブも塾なんだ。」（1行目）
・「お正月も塾があるの。」（3行目）

凛と水月が会う約束をしたのに対して、中学受験をひかえた葵は、年末年始も関係なく塾に通うというのです。よって、（　A　）には「クリスマス」、（　B　）には「お正月」が入ります。「クリスマス・イブ」や「元旦」も答えとして考えられますが、「五字」「三字」という字数の指定には合いません。

問二　——①の前後の、葵の言葉に注目して、「青ざめた顔」で「今にも、泣き出しそうだった」という葵の気持ちをつかみます。

・「わたし、もうじゅうぶんがんばってるよ。」（22行目）
・「わたし、もう、これ以上、がんばれない。」（24行目）

葵は、「もうじゅうぶんがんばってる」のに、凛にさらに「勉強、がんばってね！」（18行目）とはげまされたので、「もう、これ以上、がんばれない」と泣き出しそうになってしまったのです。ここから、葵のつらい気持ちが読み取れますね。

問三　——②のあとに「ような気がした」とあるので、「砂の塔が、今、風にふき飛ばされて、あっという間に消えていく」という表現は、実際のできごとではなく、何かをたとえたものだということがわかります。

——②直前の「六年生になって、やっと話せるようになって」や、——②の「少しずつ、ふたりで積み上げてきた」には、葵との友情を大切に考えてきた凛の気持ちが表れています。したがって「砂の塔」とは、凛とふたりで築いてきた友情をたとえたものだと言えます。その友情が「風にふき飛ばされて、あっという間に消えていく」とは、友情がこわれてしまうという意味になるので、正解は**イ**です。

問四　凛と葵とのやりとりの中で、葵の様子が大きく変わる場面をさがします。

・そのしゅん間、葵ちゃんの顔から表情が消えた。（19行目）
・葵ちゃんの青ざめた顔は、今にも、泣き出しそうだった。（23行目）

こういった葵の様子を見て、凛は、「葵ちゃんをきずつけちゃったんだ……。」と思いました。

凛の様子が変わった「そのしゅん間」とは、直前にある、「じゃあ、勉強、がんばってね！」と凛が言ったしゅん間ということです。

問五　——④の前を見て、このときの「わたしの様子」を考えます。

かこんでみよう
32〜36行目
わたし、その場にこおりつく。
そんなつもりは、なかったのに。わたし、葵ちゃんをきずつけちゃったんだ……。
体がふるえる。
どうしよう。

線を引いた部分からは、凛は、葵をきずつけてしまったことがわかっているものの、どう行動したらよいかわからずにとまどっている様子が読み取れますね。これに合うものは**エ**です。

答え

問一　A＝クリスマス　B＝お正月
問二　じゅうぶんがんばっているのにさらにはげまされて、つらいと思う気持ち。（34字）
問三　**イ**
問四　じゃあ、勉
問五　**エ**

第9回 漢字・言葉の学習⑤

考え方

問一 「れる」「られる」にはいくつか意味があるので、文脈を見て、どの意味になるのかを考えましょう。

(1)と(4)は、**ア**の「受け身」の意味です。「受け身」は「人（もの）から何かの動作を受ける」という様子を表し、「人（もの）に○○れる（られる）」という言い方になります。

(2)は、**ウ**の「尊敬」の意味です。動作を行う人が目上の人の場合に、この意味になります。問題文では「先生が……書く」という内容になっています。

(3)と(5)は、**イ**の「可能」の意味です。この意味の場合は、「泣かないでいることができる」「答えることができる」のような言いかえができます。

また、「れる」と「られる」のどちらの形を使うかは、直前の動詞によって決まります。動詞に「ない」をつけたときに、「ない」の直前がア段になる場合には「れる」を使い、それ以外の場合には「られる」を使う、といった原則があります。

「れる」を使う動詞
・「読む（読まない）」→「読まれる」
・「書く（書かない）」→「書かれる」
・「取る（取らない）」→「取られる」

「られる」を使う動詞
・「食べる（食べない）」→「食べられる」
・「来る（来ない）」→「来られる」
・「ほめる（ほめない）」→「ほめられる」

問二 (1)は「対象」と書き、「はたらきかけの目標となるもの。目あて」という意味です。同じ漢字を使うのは、**イ**の「印象」です。その他、**ア**は「照明」、**ウ**は「消化」、**エ**は「合唱」と書きます。

(2)は「判断」と書き、同じ漢字を使うのは**エ**の「判定」です。その他、**ア**は「版画」、**イ**は「犯人」、**ウ**は「夕飯」と書きます。

問三 まず、それぞれの接続語の意味を確認しましょう。

(1)の「そのため」は、前の文が後ろの文の理由や目的になるときに使います（順接）。「から（だから）」や「ので（なので）」も同じ意味です。

(2)の「けれども」は、前の文の内容と後ろの文の内容が反対になるときに使います（逆接）。(5)の「しかし」や、「が（だが）」「ところが」も同じ逆接の意味を表します。

(3)の「なぜなら」は、前の文の理由を後ろの文で説明するときに使います。

(4)の「そのうえ」は、前の文の内容に他の事柄を付け加えるときに使います。「しかも」や「さらに」も、同じ意味を表す語です。

以上の接続語の意味をもとに、前の文の内容に合う文を書きましょう。左の解答例以外でも、文の流れが正しくなっていれば正解です。

なお、(3)の「なぜなら」は理由を表すので、「なぜなら、～からだ。」といった文末表現にします。

問四 形が似ている漢字を書き分ける問題です。

(2)の「識」「職」は、他にも形が似ている漢字として「織」があります。「織物」「組織」などの熟語に使います。(4)の「然」と「燃」は、「夕」の部分を「夕」という形にしないように気をつけましょう。

答え

問一 (1) **ア** (2) **ウ** (3) **イ** (4) **ア** (5) **イ**

問二 (1) **イ** (2) **エ**

問三
(1) 【例】荷物をまとめなければならない。
(2) 【例】許してもらえなかった。
(3) 【例】人一倍練習をしていたからだ。
(4) 【例】料理も上手だ。
(5) 【例】弟が食べてしまっていた。

問四 (1) 固・個 (2) 識・職 (3) 径・経 (4) 然・燃

国語

第10回　説明文の読み取り③

考え方

問一　「鳥は、前足が変化した（　A　）で空を飛ぶことで……」と書かれていますね。つまり、（　A　）は、「前足が変化した」ものであり、「空を飛ぶ」ためのものです。そう考えて問題文を読んでいくと、

> 鳥は、前足をつばさへと形を変える間にすばらしいものを手に入れているのです。（33～34行目）

と書かれている部分が見つかります。解答は「つばさ」です。鳥のつばさは、前足が変化したものなのですね。

問二　――①の直前に「このように」とあるので、「この」が何を指すのかを考えると、鳥が飛ぶことにどのような利点があるのかがわかります。――①をふくむ段落を見ると、次の説明があります。

> ・陸の上を歩くより敵も少なく、おそわれることもへったはずです。（10～11行目）
> ・えさも高い木の上のこん虫や実を食べたり、小動物を空からねらったりもできたでしょう。（11～13行目）

これらの内容と**ア**～**エ**とを読み比べると、**ア**・**イ**・**エ**が問題文に書かれている内容だとわかりますね。**ウ**の「歩くよりも速く移動できるようになった」は、問題文には書かれていません。

一見合っていると思える内容でも、問題文に書かれていなければ正しいとは言えないんだね。

問三　「その役目」が、どのような役目なのかを考えていきましょう。――②をふくむ段落では、前足が変化してできた鳥のつばさとヒトの手とをくらべています。鳥のほねには「手にあたる部分には指もなごりほどしか」ないため、「物をつかむ」ことはできないのです。では、鳥はどうやって物をつかむのでしょうか。

> ・物をつかむ働きは、すっかり失われています。（27～29行目）
> ・その役目は後ろ足やかたいくちばしが、かわりに引き受けています。（29～31行目）

「後ろ足やかたいくちばし」で、手のかわりに物をつかむのですね。よって、「その役目」とは、前の文に書かれている「物をつかむ働き」です。

問四　――③では、鳥のほねだけを見ても空を飛べるとは思えない、と言っていますが、「しかし」に続く部分で、鳥が空を飛べるようになった仕組みについて説明されています。同じ段落の最後の部分に着目しましょう。

> **かこんでみよう**
> **36～37行目**　これを前足のまわりに生やすことで、風を切り、空にうかぶ力、よう力を得て、空を飛んでいるのです。

この部分をヒントに、（　a　）・（　b　）にあてはまる言葉を考えます。

設問文の（　a　）のあとには「を前足のまわりに生やすことで」とあるので、（　a　）には、問題文にある「これ」が指す内容が入ることがわかりますね。「これ」の前の文を見ると、「羽毛はほねではなく……」のように、羽毛について説明されているので、「これ」は「羽毛」を指します。

（　b　）には、設問文の（　b　）のあとに「空を飛んでいる」とあることから、「風を切り、空にうかぶ力、よう力を得て」の部分が入ると考えられますが、字数が「六字」と指定されています。「風を切り、空にうかぶ力」は、「よう力」について説明している部分なので、（　b　）には「よう力を得て」が入ります。

設問文の（　a　）・（　b　）のあとの言葉が、問題文の中でどこに出てくるかをさがそう。

問五 （　B　）の前の段落に、「せっかく飛べるようになったのに、空を手放してしまった鳥たちもいます」と書かれています。そして、空を手放した理由は、「やはり生きのこり、（　B　）ためです。」というのです。「やはり」という言葉から、ここで述べている「空を手放してしまった鳥たち」だけでなく、空を飛ぶ鳥たちにも、同じ理由があることがわかります。では、鳥はなぜ空を飛ぶようになったのでしょうか。**問二**で、鳥が空を飛ぶ利点について具体的にあげましたが、「生き物」全体にも広げて考えてみましょう。

（　B　）の前の「生きのこり」という言葉に注目し、他に似た言葉が使われている部分をさがします。

> ・生き物にとって、いちばん大切なことは、子孫をふやし生きるつづけることです。（15～16行目）
> ・ほかのなかまより生きのこることに体の形がつごうよく変化したものだけが、子孫をふやすことができ、……。（16～17行目）

鳥が空を飛ぶようになったのも、反対に、ペンギンが空を飛ばないようになったのも、どちらも「生きのこり、子孫をふやすため」だという点を読み取りましょう。（　B　）にあてはまる言葉は、「子孫をふやす」です。

問六 ――④のあとに、ペンギンが、空を手放して泳ぎがじょうずになった理由について、筆者の考えが書かれています。

> 空から海にもぐって、魚をとるより、泳ぎがうまくなったほうが、魚をより多くつかまえられるからでしょう。（49～50行目）

ここから、正解は**ウ**だとわかりますね。**ア**は、「筋肉やほねが重く、空を飛ぶのには向かない」という体型を、ペンギンが空を飛ばない理由としていますが、これは問題文には書かれていない内容です。他の鳥が、空を飛ぶために体の重みをへらしたのに対して、ペンギンは、海で生活するために体を変化させていったのですね。**イ**は、「もともと鳥のなかまではなくほ乳類なので」としていますが、ペンギンは「鳥類」なのでまちがいです。さらに、**エ**の「海の中のほうが敵がいない」も、問題文には書かれていないので正しくありません。

ペンギンは鳥類だけど、他の鳥の仲間とはちがう進化をしたんだね！

問七 ペンギンの体の変化については、――④の次の段落に説明があります。どのような変化があったのでしょうか。

> ・ペンギンのつばさのほねは、ぼうからもっと平たく変化して、船のオールに似た形をしています。（51～52行目）
> ・りっぱな羽毛も泳ぐにはじゃまなので、短く、こまかくなってしまいました。（54～55行目）

「つばさのほね」と「羽毛」について、それぞれどのように変化したのかが、具体的に書かれていますね。まとめると、次のようになります。

> ・つばさのほね→船のオールに似た形に変化した
> ・羽毛→短く、こまかくなった

「三十五字以内で」という字数指定を守って、何がどのように変化したのかを書きましょう。

答え

問一 つばさ
問二 ウ
問三 物をつかむ働き
問四 a＝羽毛
b＝よう力を得て
問五 子孫をふやす
問六 ウ
問七 つばさのほねが船のオールに似た形に変化し、羽毛も短く、こまかくなった。（35字）

第11回　物語の読み取り③

考え方

問一　試合中に球を拾いに行った亜美に、拓が球をわたす場面です。（Ａ）～（Ｃ）が、それぞれだれの言葉なのか、考えていきましょう。

・「ドンマイッ」（7行目）……亜美の言葉
→「亜美はくやしそうに声を上げ」
・「（Ａ）」
→「拓に気づいて、亜美は声を上げた」
・「ありがとっ」（14行目）……亜美の言葉
→「亜美は片手でキャッチした」
・「（Ｂ）」
→「拓は、亜美に声をかけた」
・「（Ｃ）」
→「亜美が球をぎゅっとにぎって、拓を見た」

このように、かぎかっこの後ろに着目すると、だれの言葉なのかがわかりますね。（Ａ）は、「亜美は声を上げた」という部分から、亜美の言葉だとわかります。また、「拓に気づいて」とあるので、「あ、拓」があてはまりますね。

（Ｂ）は、亜美に声をかけた拓の言葉なので、「がんばっ」が入ります。

（Ｃ）は、拓から受け取った球を「ぎゅっとにぎって」亜美が言った言葉です。「ぎゅっとにぎって」には、亜美の強い気持ちが表れているので、あてはまるのは「絶対、負けないっ」です。なお、25行目の「『絶対、負けない』って……。」は、（Ｃ）で亜美の言った言葉を、拓が心の中でくり返しているところです。

会話の前後の言葉に注意して、だれの言葉なのかをしっかりおさえよう。

問二　球を拾いにきた亜美と、拓とのやりとりのあとの場面です。拓は何を見て、――①のように思ったのでしょうか。「亜美の試合の得点板に目をやった」と書かれていますので、得点板を見てわかったことを読み取ります。

かこんでみよう
22～23行目　三―九、大差で亜美は苦戦している。すでに一、二セット落としているから、後がない。

得点板を見て、亜美がすでに一、二セットを落とし、さらに三セット目も大差をつけられていることを知ったので、拓は「かなり強い相手らしい」と思ったのです。この内容をまとめましょう。また、理由が問われている問題なので、答えの最後は「～から。」にします。

問三　――②の理由について、前の部分を見てみましょう。拓は、亜美の試合の得点板を見て、「『絶対、負けない』って……。もう負けそうなのに」と思っていました。しかし亜美は、「絶対、負けないっ」と言って相手に向かっていき、「拓が見ている中で、亜美はサーブからの三球目こうげきを決めて、『よっしゃあっ』と声を上げ」ました。そのときの様子については、次のように書かれています。

負けているのは亜美の方なのに、相手以上に勢いがあった。（30～31行目）

ここが解答になります。設問文の（　）のあとの、「なのに、相手以上の勢いで戦っている」に注目すると考えやすくなりますね。

問四　この場面では、「（Ｄ）なんかじゃなく、あいつ、本気で負けないって思っている。……絶対負けないと、本気で思っているのかもしれない。」（35～37行目）とあります。拓はこのとき、亜美は「絶対負けない」と本気で思っているのだ、と感じているのです。では、それより前の場面ではどう思っていたのでしょうか。

「絶対、負けない」というのは、亜美の口ぐせだ。よくそう言う。（26～27行目）

ここから、これまでは、単なる亜美の「口ぐせ」だと思っていたことがわかりますね。それが、「口ぐせ」ではなく、「本気」で言っているのだと考えが変わったのです。

問五　「いまの自分」については、――③のすぐあとに書かれています。

かこんでみよう

42〜43行目　相手のカットにびびって、ドライブをやめ、ツッツキで相手のミスを待つような試合をしてしまっている自分

ここが解答になります。「自分を信じて戦ってる」亜美に対して、「自分を信じているとは言えない」自分、つまり消極的な戦いをしている自分のことを、拓は「情けないと感じた」のですね。

問六　「きん張感の中、なかなか出せなかったそのサーブ」を「ためらうことなく出せた」のは、拓の気持ちに変化があったからです。「ラケットをぐっと、にぎり直した」という部分からも、拓の決意を読み取ることができますね。それでは、拓の気持ちがどのように変わっていったのかを見ていきましょう。拓の気持ちの変化は、次のような流れになっています。

・本気なんだ……（34行目）
↓
・亜美は、自分を信じて戦ってるんだ（39行目）
↓
・自分を信じるって、本気になることなのかも……（40行目）
↓
・亜美の戦うすがたを見ているうちに、拓は、いまの自分が情けないと感じた。（41〜42行目）
↓
・これまでやってきたことを思い出せ（45行目）
↓
・自分を信じて、自分の卓球をやる（47行目）

自分を信じて戦う亜美のすがたを見て、拓の心も強くなっていきます。拓も自分を信じて、自分の卓球をしようと思い、ためらうことなくサーブを出せたのですね。解答するときには、**問二**と同じように、最後を「〜から。」とまとめましょう。

拓が心の中で思っていることは、問題文では（　）の中に書かれているね。ここを中心に、拓の気持ちの変化を追っていこう。

問七　「絶対、負けないっ」という言葉や、試合での戦いぶりから、亜美の性格を読み取ることができます。**問三**で見たように、亜美は「負けているのは亜美の方なのに、相手以上に勢い」があり、「本気で負けないって思っている」のです。したがって、**エ**の「不利な状態でもあきらめず、力を精いっぱい出そうとする性格」が正解です。

アは、「どんなときも自分の負けをみとめようとしない」の部分があてはまりません。負けをみとめないのではなく、試合が終わるまであきらめないのですね。

また、拓との会話や、「亀中女子のベンチがわいた」という表現から、みんなに応えんされていることがわかるので、**イ**の「周りの人と打ちとけず」も適切ではありません。**ウ**の「周りの人の忠告が耳に入らなくなる」も、拓との会話や亜美の様子からは読み取れない内容です。

答え

問一　A＝**イ**　B＝**ウ**　C＝**ア**

問二　すでに一、二セットを亜美が落とし、大差で苦戦しているから。（29字）

問三　負けているのは亜美の方

問四　口ぐせ

問五　最初＝相手のカッ　最後＝ている自分

問六　亜美の戦うすがたを見て、拓も、自分を信じて自分の卓球をしようと思ったから。

問七　**エ**

まとめテスト 国語

考え方

一

問一 (1)の「再会」は「再び会う」、(6)の「海底」は「海の底」という意味をもつので、「再会」と「海底」は上の字が下の字を修飾する関係です。(2)の「愛好」は「愛す」と「好む」という、似た意味の漢字が使われています。(3)の「単独」も、同じ「一つ・一人」という意味の漢字を組み合わせています。よって「愛好」と「単独」は似た意味の漢字を組み合わせてできている熟語です。(4)の「読書」は「書を読む」という意味なので、下の字が上の字の目的語になっています。(5)の「悲喜」は「悲しい」と「喜ぶ」という、反対の意味の漢字を使った熟語です。

問二 (1)の「桜色」は上下とも訓読みの熟語で、その他の熟語は、上下とも音読みです。(2)の「丸太」は、上が訓読み・下が音読みの熟語で、その他の熟語は、上下とも訓読みです。

問三 (1)は「先生が、みんなに作文を書かせる」という内容で、「動作主が相手に何かの動作をさせる」という「使役」の意味です。主語を「みんな」にすると、「みんなが、先生に作文を書かされる」となり、「受け身」の表現になります。(2)は(1)と反対で、もとが「妹が、兄に泣かされる」という「受け身」の内容です。主語を「兄」にすると、兄が妹に何かの動作をさせる、という「使役」の意味に変わり、「兄が、妹を泣かせる」となります。

問四 (1)《慣用句》**ア**～**エ**の慣用句は次の意味。

> 目を見張る＝あることにおどろいたり感心したりして、目を大きく見開くこと。
> 上の空＝他のことに気をとられていて、目の前のことに注意が向かないこと。
> 頭がいたい＝いやなことや心配なことについてなやむこと。
> わき目もふらず＝他に関心を向けることなく、一つのことを一心に行うこと。

したがって、まちがった使い方をしている文は**ウ**です。「頭がいたい」は、**ウ**のように、楽しい物事に対しては使いません。

(2)《ことわざ》**ア**～**エ**の意味を確認します。

> 住めば都＝どのような場所でも、住み慣れるといい場所だと思うようになること。
> かえるの子はかえる＝子どもは親に似ること。また、へいぼんな親からはへいぼんな子が生まれること。
> どんぐりの背比べ＝みんなが似たレベルで、とくにすぐれたものがないこと。
> たなからぼたもち＝自分で努力することなく、思いがけない幸運を手に入れること。

イの「父は数学者なのにぼくは算数が苦手」という内容とことわざの意味とが合わないので、**イ**があやまりです。さらに、「どんぐりの背比べ」の「背」の読み方に注意しましょう。

問五 (1)は「平均」が正しい漢字です。「平均」は、いくつかの数をならして出した中間の数という意味です。(2)は「検査」が正しい漢字です。「検」は「調べる」という意味をもち、「検出」「検挙」などの熟語があります。一方、「険」は「けわしい・悪い」という意味をもち、「危険」「険悪」のように使います。また、他に似た形の漢字として、「験」「剣」などもあります。

問六 (1)は「現在」「現状」「再現」、(2)は「採取」「採用」「採血」という熟語になります。「採・生・編・現」それぞれの漢字を空らんにあてはめて、熟語が成り立つのはどの漢字かを考えましょう。

二

問一 第一段落では、歯の構造について次のように説明されています。

> ・中心の歯ずいには血管と神経が通っている。
> ・歯ずいのまわりをぞうげ質というほねに似た物質がとりまいている。
> ・歯ぐきの中→歯をセメント質がおおっている。
> ・歯ぐきの外→歯をエナメル質がおおっている。

「口の中で見えている歯」は、歯ぐきの外にあたるので、見えているのは「エナメル質」の部分ですね。次の段落の初めに、「その歯のエナメル質が」とあることからも、（　A　）に入るのは「エナメル」だとわかります。

問二　問題文では、エナメル質の「宝石のような特ちょう」を説明するために、水しょう・ダイアモンド・ヒスイなどの宝石を例に出しています。まずは設問の「水しょうと同じくらいの」に注目します。水しょうを用いてエナメル質の説明をしているところを探すと、次の部分が見つかります。

> エナメル質のかたさは、こう度六から七で水しょうと同じほどかたい。（18〜19行目）

よって、（　a　）には「かたさ」が入ります。かたさを表す「こう度」も正解です。

さらに、続く21行目では、「エナメル質のすごさは、かたさだけではない」とありますから、その次の段落でもう一つの特ちょうがあげられていると考えられます。

> ただかたいだけでなく、われにくいというねばり強さ（じん性）を持っている。（25〜26行目）

この説明が、（　b　）に対応しますね。

問三　「とくべつ」とは、どのような構造なのかを考えましょう。「この」という指示語があるので――②の前を見ると、直前の文に、ヒスイとエナメル質の構造について書かれています。

> ヒスイがエナメル質と同じように、結しょうの束がねじれたせんいのような構造を持っている（28〜30行目）

「二十字」という設問の指定にも文字数が合うので、――線を引いた部分が答えです。

問四　**問二・問三**では、エナメル質の「宝石のような特ちょう」について考えましたが、さらにエナメル質には、――③「宝石にはない生きた細ぼうの力」があるというのですね。それはどのような「力」なのでしょうか。――③の前に「これは」とあるので、「これ」の直前を確認します。すると、次のような説明があります。

> エナメル質の表面には酸をはねかえす歯小皮がまくをつくっていて、食物にふくまれる酸から歯を守っている。（33〜34行目）

ここをもとに解答をまとめます。「〜という力。」に続くように、まとめ方を工夫しましょう。

問五　**ア**〜**エ**の内容を順に見ていきましょう。

アは「人の歯は、ほかのサルよりもエナメル質がうすい」の部分が、7行目の「人ではほかのサルよりもはるかに厚い」と合いません。

イは「とても長持ちする」とありますが、このようなことは問題文には書かれていません。

ウも「ほかのサルと比べて長く生きられる」の部分が、問題文にはない内容です。

エの「ヒスイと同じような構造を持っていても強い」は、**問二・問三**で見た、「ヒスイがエナメル質と同じように、結しょうの束がねじれたせんいのような構造を持っている」「われにくいというねばり強さ（じん性）を持っている」というエナメル質の特ちょうと合いますね。**エ**が正解です。

答え

一

問一　(1) **ウ**　(2) **イ**　(3) **イ**　(4) **エ**　(5) **ア**　(6) **ウ**

問二　(1) 桜色　(2) 丸太

問三　(1) 書かされる　(2) 泣かせる

問四　《慣用句》**ウ**　《ことわざ》**イ**

問五　(1) 近→均　(2) 険→検

問六　(1) 現　(2) 採

二

問一　エナメル

問二　a＝かたさ（または）こう度　b＝われにくい

問三　結しょうの束がねじれたせんいのような構造

問四　エナメル質の表面にまくをつくった歯小皮が、食物にふくまれる酸から歯を守る（という力。）（36字）

問五　**エ**

まとめテスト 社会

答え

❶ (1) **E・F**（順不同）

(2) ハザードマップ（防災マップ）

(3) 例）冬に雪が積もり，その雪解け水が春に流れている。

(4) 北西

(5) **イ・ウ**（順不同）

(6) 中小工場

(7) 例）地方紙は，販売される地域に関する情報が全国紙よりくわしい。

《採点の仕方》

❶ (3) 気候について冬に「雪が積もる（ふる）」ことが書けていて10点，「雪解け水」が川を流れることが書けていて10点，合計20点です。

(7) 全国紙より地方紙の方が，「販売される地域に関する情報が多い」ことが書けていれば○です。

考え方

❶ (1) **A**は北海道，**B**は山形県，**C**は群馬県，**D**は石川県，**E**は兵庫県，**F**は岡山県，**G**は高知県，**H**は長崎県です。兵庫県の西に岡山県があります。

(2) ハザードマップには，被害が予想される地域のほか，避難所などの情報もかきこまれています。火山の噴火以外に，地震や津波，洪水などに対するものもあります。

(3) 山形県は日本海側の県です。冬の日本海側には，日本海からしめった北西の季節風がふきこみ，雪をふらせます。春になると，その雪解け水が川に流れこみます。このような気候のため，日本海側の雪が多い地域は，田おこしや代かきをする時期に豊富な水を使うことができます。

(4) からっ風は冬の風であることから，その向きは北西と考えられます。群馬県は，県の北にある越後山脈などによって日本海側とへだてられています。からっ風は日本海側で雪をふらせたあとのかわいた風で，群馬県の名物になっています。

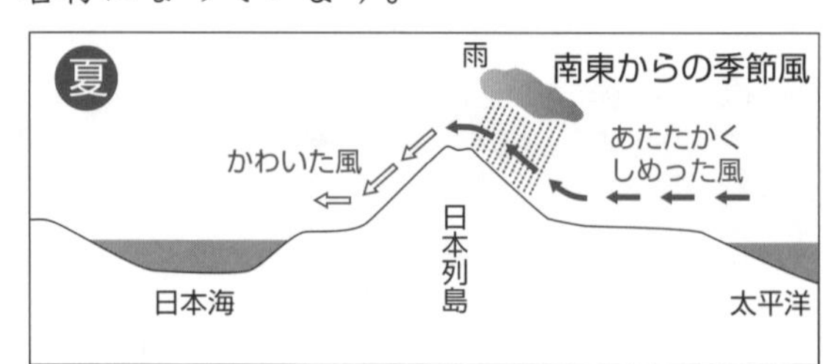

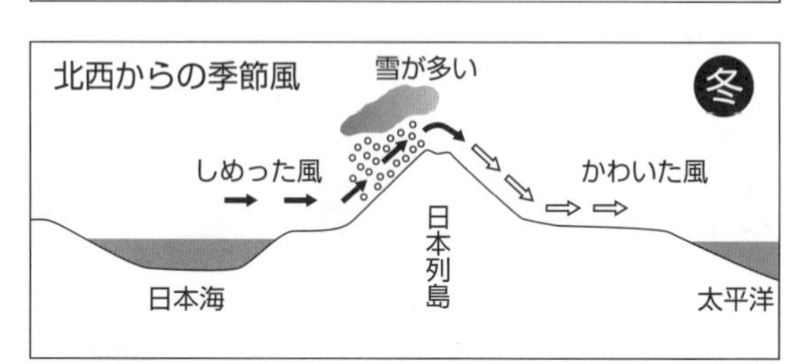

かわいた風がふく季節は
火災に注意が必要だね。

(5) 太平洋ベルトは，関東地方南部から九州地方北部を指します。福岡県・三重県は，それぞれ北九州工業地域・中京工業地帯をふくみ，工業がさかんな県です。

岩手県・宮崎県は，いずれも太平洋に面していますが，太平洋ベルトにはふくまれません。社会第3回の『答えと考え方』の地図で確認しましょう。

(6) 日本の工場の大部分は中小工場です。一方，大工場の方が大規模に生産できるため，働く人1人あたりの生産額や，工場1か所あたりの生産額は，大工場の方がかなり大きくなっています。

(7) 全国紙の読者は全国にいるため，全国的に重要なできごとを中心に紙面をつくっています。一方，地方紙の読者は地域が限定されているため，その地域の人たちにとって重要なできごとを多くのせています。そのため，同じ日の新聞でも，全国紙と地方紙では紙面が大きくことなります。

まとめテスト 理科

答え

❶ イとウ
❷ イ
❸ しばらくの間，成長するための養分をたくわえている点。
❹ ア
❺ 晴れ
❻ ア
❼ イ
❽ ア
❾ S極
❿ 0.6g

考え方

❶ 問題のア～ウの条件を表にまとめると，以下のようになります。

	水	肥料	日光
ア	○	×	○
イ	○	○	○
ウ	○	○	×

日光が必要なことを調べるためには，日光が当たっているか当たっていないか以外の条件を同じにして比べなければならないので，**イ**と**ウ**を比べます。

❷ **ア**…アサガオは，1つの花の中におしべとめしべがあります。
イ・ウ…柱頭はめしべの先の部分にあり，ここに花粉(かふん)がつくことを受粉といいます。受粉すると子(し)ぼうが実になります。

❸ たまごからかえったばかりの子メダカは，はらにある養分を使って，2～3日の間，成長するので，その間はえさを食べません。インゲンマメは，種子(しゅし)にふくまれている養分（でんぷん）を使って発芽(はつが)したり，しばらくの間成長したりします。

❹ 人の子どもは受精後約4週間で心臓が動いて血液が流れ始めます。約9週間で目や耳ができ，手や足の形がはっきりしてきて，からだを動かし始めます。約20週間で手足の筋肉(きんにく)が発達して，からだをよく動かすようになります。そして，約38週間で生まれます。

❺ 日本の天気は西から東へ移(うつ)りかわるので，西の空が晴れていると，次の日は晴れになることが多いといわれています。

❻ 日本のはるか南の海で発生した台風は，夏から秋にかけて日本に接近してくることが多く，日本に上陸したあとは，次の図のように北のほうへ動いていくことが多いです。

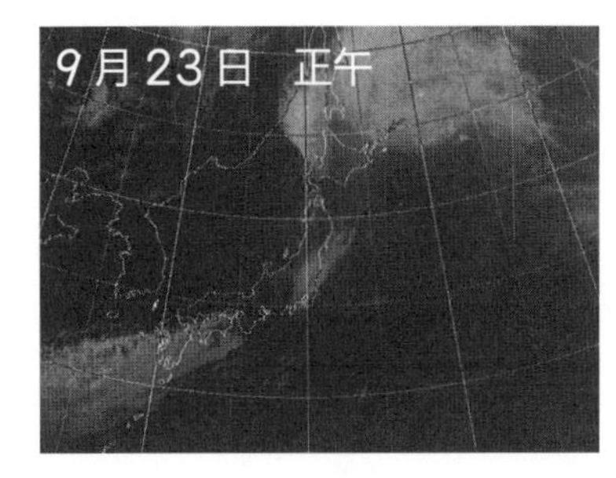

❼ 曲がった川では，外側のほうが岸がけずられやすいため，がけになっていることが多く，内側はすなや土が積もりやすく，川原になっていることが多いです。

❽ ふりこが1往復するのにかかる時間を短くするためには，ふりこの長さを短くします。おもりの重さやふれはばをかえても1往復するのにかかる時間はかわりません。

❾ 電磁石の**B**側に方位磁針のS極が引きつけられているので，**B**側はN極です。よって，**A**側はS極になります。

❿ 水の量を半分にすると，ものがとける量も半分になります。20℃の水50mLにはホウ酸が4.8÷2＝2.4（g）とけるので，3－2.4＝0.6（g）がとけきれなくなります。

❹ (1) 1 辺が 1cm の立方体の個数は 9 個なので，この立体の体積は $9cm^3$

(2) たて 75cm，横 1.5m，高さ 75cm の直方体なので，**直方体の体積＝たて×横×高さ**の公式を使います。横は，1.5m ＝ 150cm だから，

$75 \times 150 \times 75 = 843750$ (cm^3)

次のように，m^3 で求めることもできます。

$0.75 \times 1.5 \times 0.75 = 0.84375$ (m^3)

(3) 下の図のように，2 つの立体㋐，㋑に分けると，㋐の体積は，

$6 \times 9 \times 9 = 486$ (cm^3)

㋑の体積は，

$6 \times (15 - 9) \times 6 = 216$ (cm^3)

だから，求める体積は，

$486 + 216 = 702$ (cm^3)

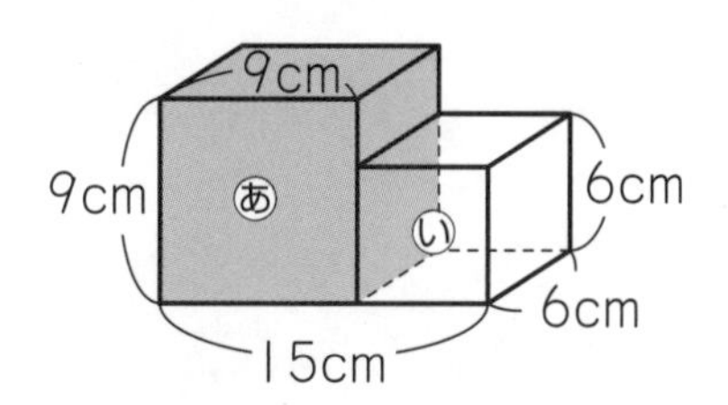

下の図のように，上と下で直方体に分けたり，大きい直方体から小さい直方体をのぞいてもいいね。

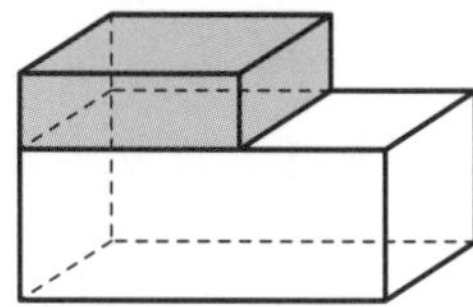

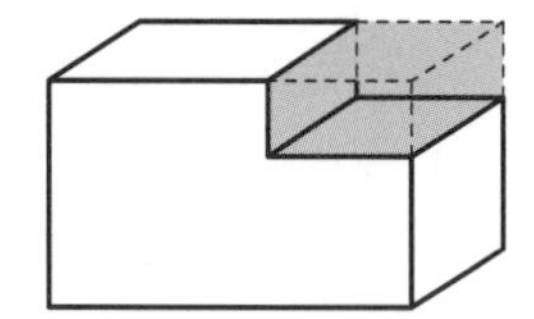

❺ (1) **1200 円**（比べられる量）は **1600 円**（もとにする量）の **?%**（割合（百分率））と考えて，

$1200 \div 1600 \times 100 = 75$ (%)

(2) 定価をもとにしたときのね引きされた割合を百分率で表すと，(1) より，

$100 - 75 = 25$ (%)

したがって，定価の 25%引きで買ったことになります。

❻ (1) 四角形の内角の和は 360 度だから，

$360° - (90° + 120° + 67°) = 83°$

(2) (3) ㋑の図形をひっくり返してから回転させて考えます。

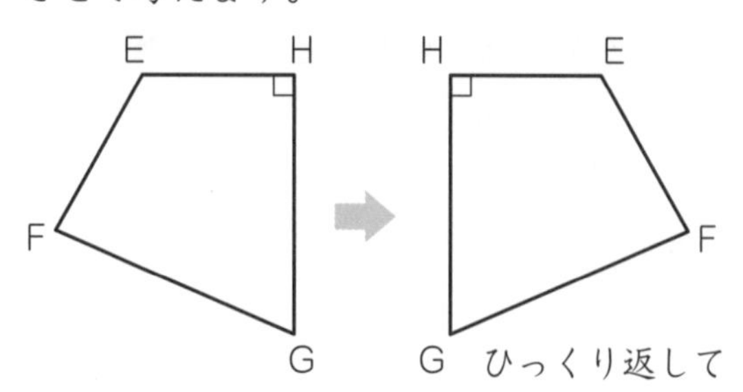

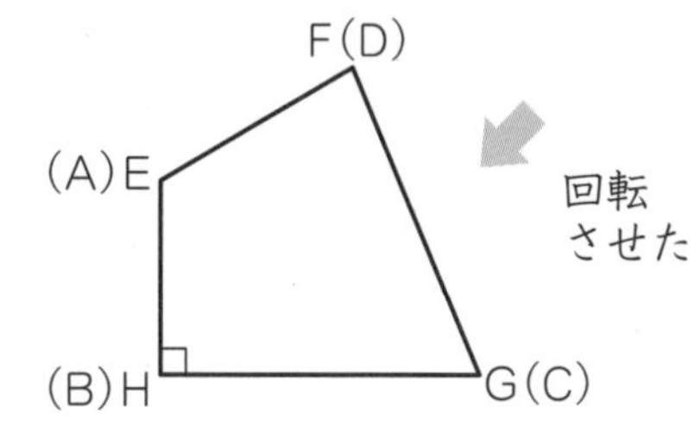

上の図より，(2) の辺 BC に対応する辺は辺 HG，(3) の角 A に対応する角は角 E だとわかります。

❼ (1) **円周＝直径**× 3.14 の式の**直径**に 28 をあてはめて解くこともできますが，直径が□倍になると，円周も□倍になることを使って解くことができます。

㋐では，円の直径が 28cm なので，円の直径が 14cm のときの 2 倍と考えて，

$43.96 \times 2 = 87.92$ (cm)

(2) **円周＝直径**× 3.14 の式の**円周**に 659.4 をあてはめて解くこともできますが，円周が□倍になると，直径も□倍になることを使って解くことができます。

㋑では，円周が 659.4cm なので，円周が 65.94cm のときの 10 倍と考えて，

$21 \times 10 = 210$ (cm)

直径が 2 倍，3 倍，…になると，円周の長さも 2 倍，3 倍，…になるんだね。

算数

まとめテスト 算数

答え

❶ (1) $\frac{23}{18}\left(1\frac{5}{18}\right)$　(2) $1\frac{15}{28}\left(\frac{43}{28}\right)$

(3) 39　(4) 5.535

(5) 2.45　(6) 0.12

❷ (1) 112cm^2　(2) 27cm^2

(3) 100cm^2　(4) 16m^2

❸ (1) [式] 48.8 ÷ 1.5 = 32 あまり 0.8

[答え] 32 本できて 0.8L あまる

(2) [式] 328+311+299+308+319+304 =1869

1869 ÷ 6 = 311.5

[答え] 311.5g

❹ (1)9cm^3　(2)843750cm^3　(3)702cm^3

❺ (1) [式] 1200÷1600×100=75

[答え] 75%

(2) [式] 100 − 75 = 25

[答え] 25%

❻ (1) 83 度　(2) 辺 HG　(3) 角 E

❼ (1) 87.92　(2) 210

考え方

❶ (1) $\frac{5}{6}+\frac{4}{9}=\frac{15}{18}+\frac{8}{18}=\frac{23}{18}\left(=1\frac{5}{18}\right)$

(2) $2\frac{1}{4}-\frac{5}{7}=2\frac{7}{28}-\frac{20}{28}=1\frac{35}{28}-\frac{20}{28}$

$=1\frac{15}{28}\left(=\frac{43}{28}\right)$

計算結果が仮分数(かぶんすう)や帯分数になるときは，どちらで答えてもよかったね。

(3)

$$\begin{array}{r} 3.25 \\ \times\ \ 12 \\ \hline 650 \\ 325\ \ \\ \hline 39.00 \end{array}$$

(4)

$$\begin{array}{r} 12.3 \\ \times\ 0.45 \\ \hline 615 \\ 492\ \ \\ \hline 5.535 \end{array}$$

(5) 1.2) 2.94 → 2.45

$$\begin{array}{r} 2.45 \\ 1.2\overline{)2.940} \\ 24\ \ \ \\ \hline 54\ \ \\ 48\ \ \\ \hline 60 \\ 60 \\ \hline 0 \end{array}$$

(6) 15.7) 1.884 → 0.12

$$\begin{array}{r} 0.12 \\ 157\overline{)18.84} \\ 157\ \ \\ \hline 314 \\ 314 \\ \hline 0 \end{array}$$

❷ (1) 平行四辺形の面積＝底辺×高さ より，

14 × 8 = 112 (cm^2)

(2) 三角形の面積＝底辺×高さ÷ 2 より，

9 × 6 ÷ 2 = 27 (cm^2)

(3) 台形の面積＝（上底＋下底）×高さ÷ 2 より，

(8 + 12) × 10 ÷ 2 = 100 (cm^2)

(4) ひし形の面積＝対角線×対角線÷ 2 より，

4 × 8 ÷ 2 = 16 (m^2)

❸ (1) ビンの本数は，

全体のジュースの量（L）

÷ビン 1 本のジュースの量（L）

で求められます。

この商を整数で求め，あまりをだすと，

48.8 ÷ 1.5 = 32 あまり 0.8

したがって，32 本できて 0.8L あまります。

(2) 平均＝重さの合計÷個数の式で求められるので，

(328+311+299+308+319+304)÷6

= 1869 ÷ 6

= 311.5 (g)

社会 第3回 工業と情報化社会

答え

❶ (1) ①ア　②ウ　③イ　④エ
(2) 例）どこにいても緊急地震速報を受信することができる。

❷ ア

❸ (1) ① 京葉工業地域
② 瀬戸内工業地域
③ 阪神工業地帯
④ 京浜工業地帯
⑤ 北陸工業地域
⑥ 中京工業地帯
(2) ① 船　② トラック（自動車）
(3) 大気汚染または地球温暖化

《採点の仕方》

❶ (2)「どこでも」受信できることが書いてあれば○です。

考え方

❶ (1) ① インターネットは，画像や映像を簡単に発信・受信できる特徴があります。きめ細かな医療を行うために，患者と医師がインターネットで情報を共有する取り組みがあります。

② 地上デジタル放送では，各家庭のテレビへ送られる情報が増え，また，視聴者が参加できる番組も出てきました。

③ 新聞は，情報を受けるための機械が必要でないため，だれでも手軽に情報を集めたり，保存したりできます。

④ ラジオは簡単に受信できるので，災害に備えて準備しておくとよいでしょう。

(2) 緊急地震速報は，テレビやインターネットでも流れますが，地震が起きたときに，それらを受信する機械の前にいるとは限りません。携帯電話やスマートフォンなら，どこにいても情報を受信できます。

❷ 工業は，ものの形や性質を変えて価値を生み出す仕事なので，**イ・ウ・エ**があてはまります。**ア**は商業の仕事で，ものを持っている人とそれを必要としている人とを結びつけることで，価値を生み出しています。

❸ (1) 問題に出てきた都市の位置は以下のとおりです。

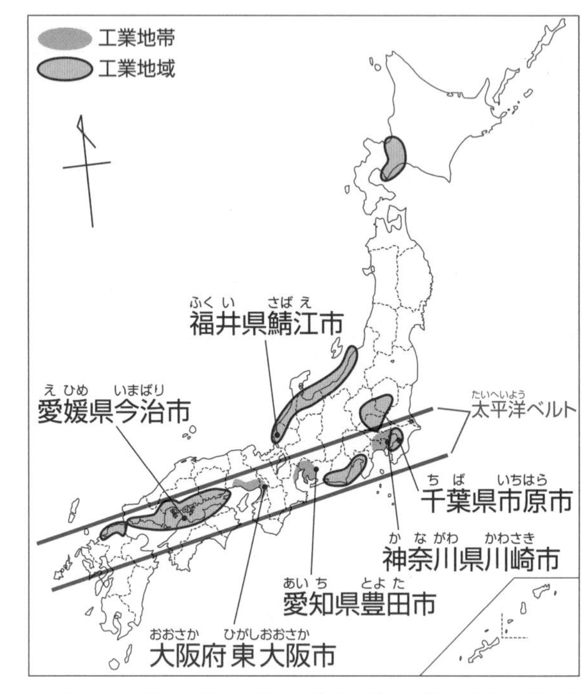

なお，①・④・⑥は重化学工業，②・⑤は軽工業に分類されます。③は働く人の数による分類で，300人未満だと中小工場，300人以上だと大工場に分類されます。

(2) 日本の貿易では船か飛行機が使われますが，多くの工業原料や製品は重くて大きいため，船を使って運ばれます。関東内陸工業地域には自動車や機械を組み立てる工場が多くあります。機械の部品や製品はそれほど大きくないため，トラックで運ぶことが可能です。

金属工業や化学工業の大工場は，とくに海沿いに集中しているよ。人口が海沿いの平野に多いことも，工場が集まる理由の一つだよ。

(3) 燃料を燃やしたあとの排出ガスは，けむりによる大気汚染や，二酸化炭素による地球温暖化の原因となってきました。

社会 第2回 日本の食料生産

答え

❶ (1) ア

(2) ア

(3) 例）機械を使いやすくするため，田を大きく四角くした。

❷ (1) 例）太平洋に面している。

(2) イ

❸ (1) 小麦・果物（順不同）

(2) 例）農業で働く人１人あたりの生産額が増えている。

《採点の仕方》

❶ (3) 目的として「機械を使う」ことが書けていて10点，具体的に行ったこととして「田を大きくした」ことか「四角くした」ことが書けていて10点，合計20点です。

❸ (2)「農業就業人口の減り方よりも農業総生産額の減り方の方が小さい」などの表現も○です。

考え方

❶ (1) 近年の米の都道府県別生産量において，新潟県は例年１位になることが多いので，新潟県がふくまれる**ア**が正解です。

中部地方

(2) B　品種改良とは，品種をかけ合わせて，よりよい品種をつくることです。有機肥料とは，化学肥料とちがって，自然のものから作られたたい肥などのことです。

C　ビニールハウスとは，ビニールでおおわれた小屋で，作物にとってよい環境をつくるために使われます。カントリーエレベーターとは，収穫した米を保存する建物です。

(3) ほ場整備では，田を大きく四角くすることのほか，用水路や農道の整備も行われました。これによって，機械で効率よく作業できるようになりました。

❷ (1) かつお類はあたたかい大洋にいるため，太平洋に面した港に水あげされることが多く，静岡県の焼津港が有名です。

(2) 水産業にも，陸上の自然が関係しています。山から流れこむ栄養でプランクトンが育ったり，木のかげが魚のすみかになったりします。**イ**がまちがいです。

❸ (1) 食料自給率は，国内で消費された食料のうち，国内で生産された割合を示します。食料自給率が低い小麦や果物は，外国産のものを多く輸入したと考えられます。

(2) 表からは，農業総生産額と農業就業人口の両方が大きく減っていることがわかります。しかし，それぞれの年で，農業就業人口１人あたりの農業生産額を計算してみると，1990年は約239万円，2018年は約520万円と，大きく増えています。これは，農業で働く人たちが地域で助けあって効率よく作業をするなどの努力や工夫をした結果と考えられます。

どのような農作物が望まれているかを市場で調べ，つくることで，より多く買ってもらえるようになったそうだよ。

社会 第1回 日本の国土と環境

答え

1 (1) **ア**

(2) **ア・イ**（順不同）

(3) ① 緯度　② 宮城

③ 対馬海流　④ 親潮

⑤ 季節風

(4) 大韓民国（韓国）

(5) ① **エ**　② **イ**　③ **ウ**

(6) 島　与那国島　県　沖縄県

考え方

1 (1) **A**の島は北海道で，日本で２番目に広い島です。冬の寒さがきびしく，まどを二重にして保温性を高くした家が見られます。

なお，日本の島は，広い順に本州，北海道，九州，四国，択捉島，国後島，沖縄島などとなっています。さとうきびやパイナップルの栽培は，沖縄県でさかんです。

(2) **B**の島は奥尻島（北海道）です。

ア　正しい文です。気象庁は，大きな地震の後などの津波が予想されるときに，津波警報や大津波警報を発表して，マスメディアと協力しながら災害に備えるよう注意をよびかけます。

イ　正しい文です。災害にあう可能性がある人は，地方公共団体などが出しているハザードマップ（防災マップ）を見て避難所の位置を確認するなど，自分の身を自分で守ることが大切です。

ウ　まちがっている文です。津波は，海底の地形の変化が原因で発生するので，大きな地震や火山の噴火などとともに起こり，台風とは関係がありません。

エ　まちがっている文です。訓練によって，あらかじめ避難の仕方を確認したり，避難の際の障害を発見したりすることで，実際の避難をスムーズに行うことができます。

(3) **C**の島は新潟県の佐渡島です。宮城県仙台市は，佐渡島の東にあり，緯度がほぼ同じです。日本付近の海流は以下の地図のようになっており，東北地方などでは，日本海側の方が気温が高い傾向にあります。また，日本海側は，冬の北西の季節風により，雪が多くふる地域でもあります。

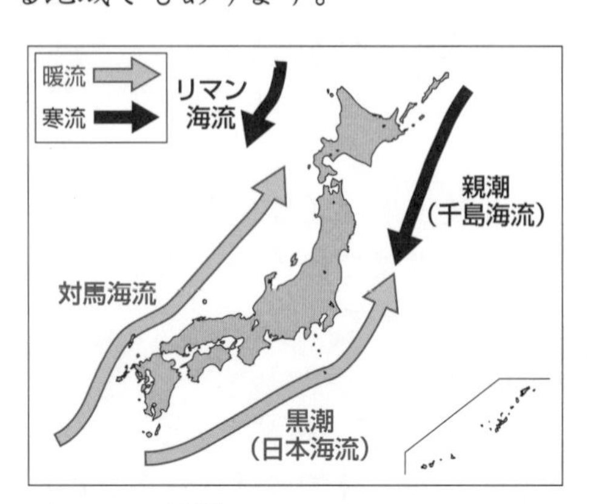

(4) **D**の島は長崎県の対馬です。対馬は，韓国との交流がさかんです。

対馬や九州地方は，1000年以上昔から，韓国（朝鮮半島）や中国との交流がさかんだったんだよ。

(5) **E**の島は鹿児島県の屋久島です。

① 森林の土は雨水をたくわえる性質があるので，大雨による災害が起きにくくなります。また，たくわえられた水を少しずつ流し出すので，水不足にもなりにくくなります。このように，森林にはダムのような働きがあり，「緑のダム」とよばれます。

② 空気中の二酸化炭素の増加が，地球温暖化の原因の一つだといわれています。そのため，二酸化炭素を吸収する森林が減少すると，地球温暖化が進むのではないかと心配されています。

③ 強い風から家などを守る役割がある森林を防風林といいます。そのほか，役割に合わせて防雪林や防砂林などもあります。

なお，間ばつは，植林された森林で弱っている木を間引くことです。強くて商品価値が高い木を育てるために行われています。

(6) **F**の島は沖縄県の与那国島です。近くに中国やフィリピンがあります。

理科 第3回 電流のはたらき／もののとけ方

答え

❶ (1) ウ
(2) ア
(3) イ
(4) B
(5) ア

❷ (1) 食塩
(2) 水の量を多くする。
(3) 16.2 (g)
(4) ろ過
(5) ア

考え方

❶ (1) 電磁石は電流が流れているときだけ，磁石のはたらきをします。

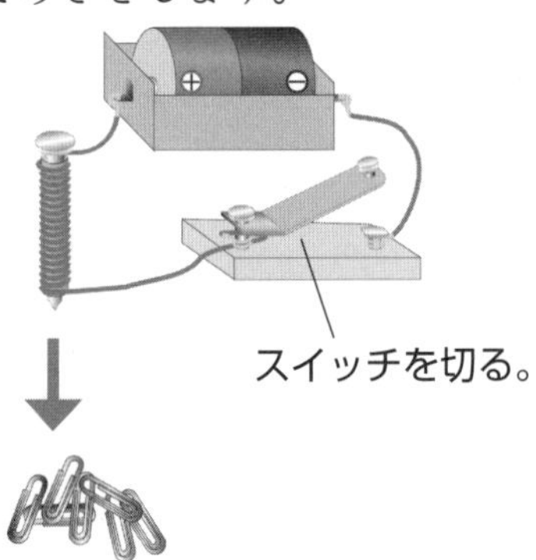

(2)・(3) コイルに流れる電流を大きくしたり，コイルのまき数を多くしたりすると，磁石のはたらきは強くなります。逆に，コイルに流れる電流を小さくしたり，コイルのまき数を少なくしたりすると，磁石のはたらきは弱くなります。

(4) 方位磁針のN極が電磁石のBに引きつけられるので，BがS極です。電磁石のA側の横にも方位磁針を置くと，次の図のようになります。

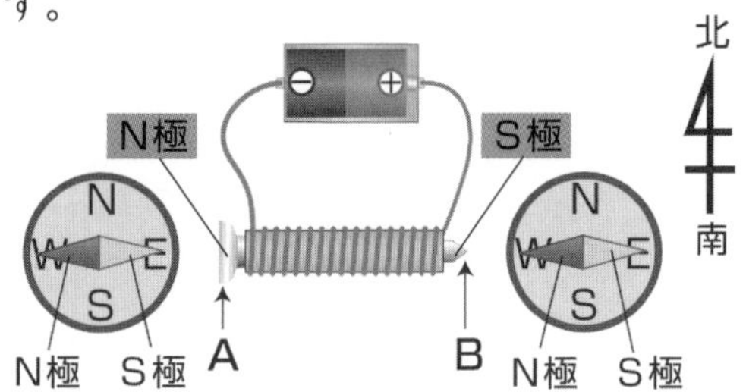

(5) 電磁石に流れる電流の向きを逆にすると，電磁石のN極とS極が逆になります。

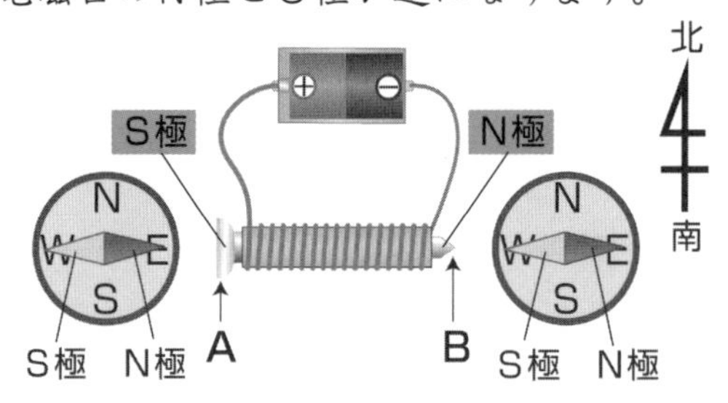

❷ (1) 水の温度ととける量の関係をグラフで表すと次のようになります。

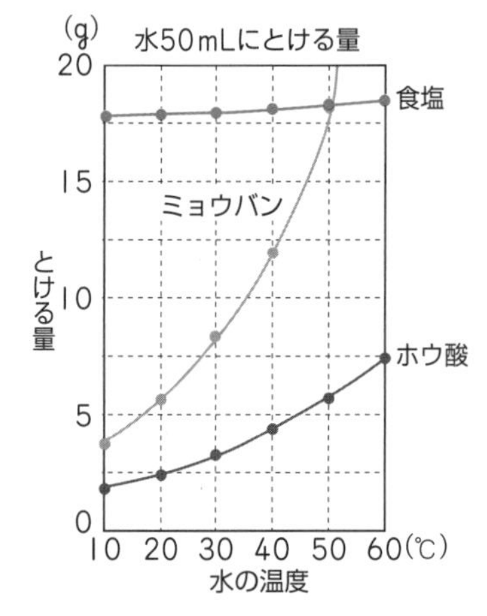

(2) たくさんものをとかすためには，水の温度を上げることと，水の量を多くすることの2つの方法があります。

(3) 水の量を2倍にすると，ものがとける量も2倍になります。つまり，40℃の水100mLにはミョウバンが $11.9 \times 2 = 23.8$ (g) までとけます。10℃の水100mLには，$3.8 \times 2 = 7.6$ (g) までとけるので，水の温度を40℃から10℃まで下げると，$23.8 - 7.6 = 16.2$ (g) がとけきれずに出てきます。

(4) ミョウバンを水にとかした液の温度を下げたときに出てきたミョウバンのつぶは，ろうとの上にろ紙を置いて，その上から液をミョウバンのつぶごと流しこむ，ろ過という方法でとり出せます。

(5) ビーカーにたまっている液はすき通っていますが，この液の中にはミョウバンがとけるだけとかされているため，水をじょう発させると，ミョウバンが残ります。

理科　第2回　流れる水のはたらき／天気／ふりこ

答え

❶ (1) ②
　(2) ②
　(3) **ア・エ**

❷ (1) **ア**
　(2) **ア**
　(3) **A…ア　B…イ　C…エ　D…カ**

❸ (1) **ウ**
　(2) **イ**
　(3) **ウ**

考え方

❶ (1)・(2) 曲がっている川では，内側よりも外側のほうが水の流れが速いため，すなや土がけずられて運ばれやすく，川の深さは深くなっています。また，内側の岸にはすなや土が積もりやすく，川の深さは浅くなっています。このため，曲がっている川の外側にはがけ，内側では川原がよくみられます。一方，まっすぐな川では，岸に近い所に比べて真ん中のほうが水の流れが速く，川底が深くけずられています。

(3) **ア**…山の中を流れる部分を上流，平地を流れる部分を下流といいます。

　イ…上流にある大きくて角ばった石が，運ばれるとちゅうでほかの石とぶつかってわれたり，川底で表面がけずられたりして角がとれるため，下流の石は小さくて丸みをおびているものが多くなります。

　ウ…上流は山の中にあるため，かたむきが急で流れが速く，下流は平地にあるため，かたむきがゆるやかで，流れがおそくなります。

　エ…川の水の量が増えると，こう水が起こることがあるため，てい防やダムをつくり，川の水があふれることを防いでいます。

❷ (1) 日本の上空の雲は西から東へ動くため，日本の天気は西から東へ移っていきます。

(2) 空全体の広さを10として，空をおおっている雲の量が0～8だと天気は晴れ（0～1は快晴とよぶこともある。），9～10だと天気はくもりです。

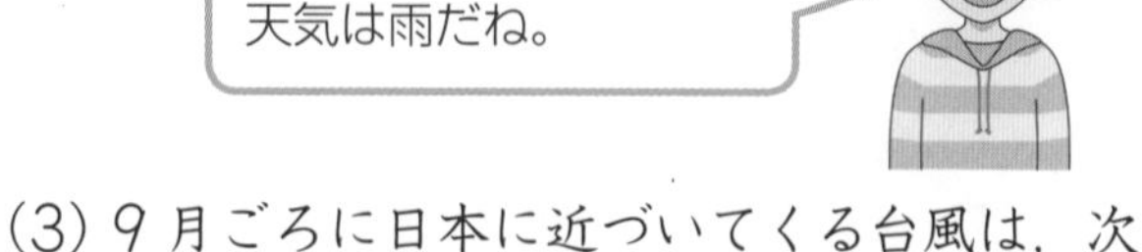

雨がふっている場合は，
天気は雨だね。

(3) 9月ごろに日本に近づいてくる台風は，次の図のような動きをします。

　台風がきたときは，天気予報などから情報を入手し，はやめに対策をたてることが大切です。雨で増水した川や，がけくずれが起こりそうな所など，危険な場所には近づかないようにしましょう。

❸ (1) 同じ大きさの場合，鉄のおもりよりも木のおもりのほうが軽くなりますが，おもりの重さをかえても，ふりこが1往復するのにかかる時間はかわりません。

(2) ふりこの長さを短くすると，ふりこが1往復するのにかかる時間は短くなります。

(3) ふれはばをかえても，ふりこが1往復するのにかかる時間はかわりません。

ふりこが1往復するのにかかる時間はとても短くて，正確にはかるのがむずかしいから，10往復するのにかかる時間をはかって，それを10でわって1往復するのにかかる時間を求めるといいよ。

理科

理科 第1回 植物／人やメダカのたんじょう

答え

❶ (1) **イ・オ**

(2) ① **エ**　② **ア**　③ **イ**　④ **ウ**

(3) A…**ウ**　B…**ア**　C…**イ**

(4) ②

❷ (1) 子宮

(2) ② たいばん　③ へそのお

(3) 羊水

(4) **ウ・エ**

(5) **イ**

考え方

❶ (1) インゲンマメの発芽には，水，空気，適当な温度が必要です。インゲンマメがよく成長するためには，それらに加えて，日光と肥料が必要です。

(2) アサガオの花は次の図のようなつくりをしています。

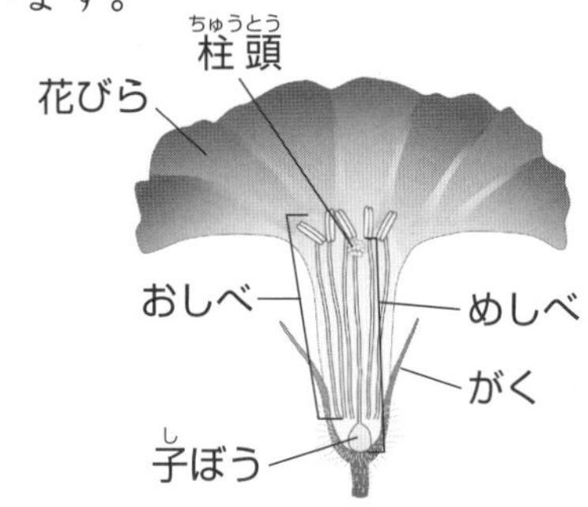

めしべの先のふくらんでいる部分は柱頭で，根元のふくらんでいる部分が子ぼうです。

(3) 柱頭に花粉がつくことを受粉といいます。受粉すると，子ぼうが成長します。

ヘチマの受粉は次のように行われます。

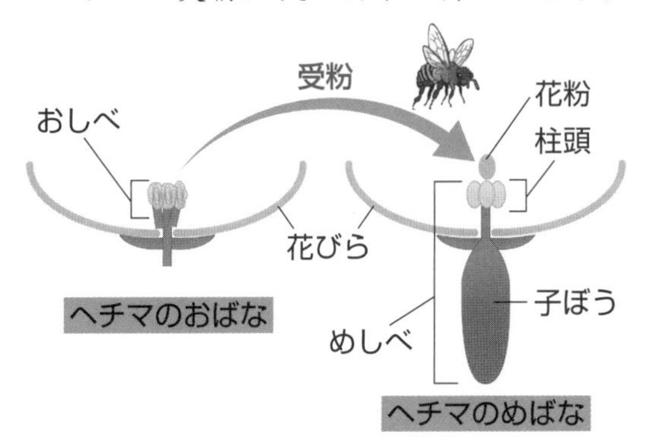

虫がおばなでみつをすうと，からだに花粉がつき，その虫が花粉をつけたまま，めばなに行ってみつをすうと，柱頭に花粉がつきます。

(4) アサガオはめばなとおばなに分かれておらず，めしべもおしべも１つの花の中にあります。

アサガオもヘチマも，子ぼうが成長して実になるためには，受粉しなければならないんだね。

❷ (1) 男性のからだにある精巣でできた精子と女性のからだにある卵巣でできた卵が結びついて受精卵になります。受精卵は女性の子宮の中で育ちます。

(2) たいばんでは，母親からの養分と，子どもからのいらなくなったものなどの交換が行われます。へそのおは，母親と子宮の中の子どもをつないでいます。へそのおの中には血管が通っており，養分などの通り道になっています。

(3) 子宮の中の子どもは，羊水の中でういた状態で育ちます。

(4) **ア**…子どもは，へそのおとたいばんを通して，母親から養分をとり入れています。

イ…人の子どもは，受精後約４週間で心臓が動いて血液が流れ始め，受精後約38週間で生まれます。

ウ…受精卵は，最初は約0.1～0.2mmくらいの大きさですが，生まれるときにはおよそ数千倍にまで成長しています。

エ…人の子どもは，生まれてすぐにこきゅうをするようになります。

(5) **ア**…人の親は生まれた子どもにちちをあたえますが，メダカはたまごからかえった子どもの世話をすることはありません。

イ…人もメダカも受精しないと卵が成長を始めません。

ウ…人の子どもは母親のからだの中で育ってから生まれますが，メダカはたまごで生まれます。

算数 第12回 正多角形と円，角柱と円柱

答え

❶ (1) ①正六角形　②正九角形
(2) ㋐60°　㋑120°　㋒40°　㋓140°
(3) 30cm

❷ (1) [式] 5 × 3.14 = 15.7
[答え] 15.7cm
(2) [式]56.52÷3.14=18　18÷2=9
[答え] 9cm

❸ (1) 五角柱　(2) 点E，点O
(3) 辺ＪＩ
(4) 辺ＡＲ，辺ＲＱ，辺ＪＫ，辺ＫＬ

❹ (1) 円柱　(2) 高さ 20cm　半径 6cm

考え方

❶ (2) 左下の図で，○印がついた角の大きさはすべて等しいので，㋐の角度は，
360° ÷ 6 = 60°
△印がついた角の大きさは，
(180° − 60°) ÷ 2 = 60°
㋑の角度は，△印がついた角の 2 つ分なので，
60° × 2 = 120°
右下の図で，●印がついた角の大きさはすべて等しいので，㋒の角度は，
360° ÷ 9 = 40°
▲印がついた角の大きさは，
(180° − 40°) ÷ 2 = 70°
㋓の角度は，▲印がついた角の 2 つ分なので，
70° × 2 = 140°

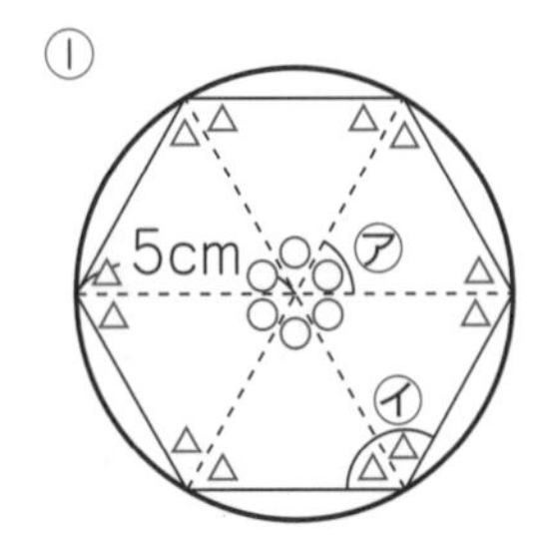

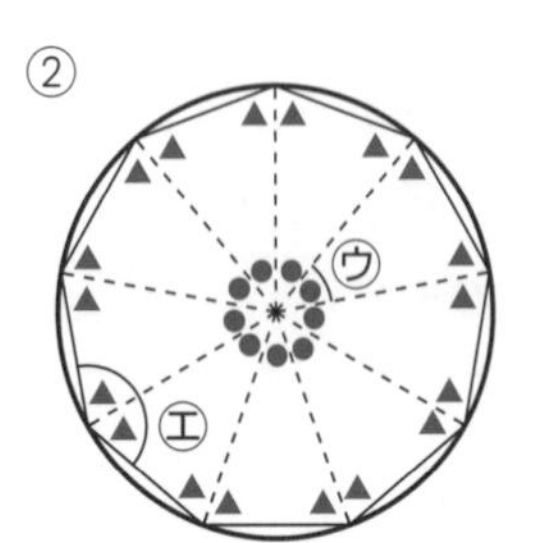

(3) 左上の図の 6 つの三角形は正三角形で，①の正六角形の 1 辺は 5cm です。だから，まわりの長さは，5 × 6 = 30 (cm)

❷ (1) 円周＝直径× 3.14 だから，
5 × 3.14 = 15.7 (cm)
(2) 直径＝円周÷ 3.14 だから，直径は，
56.52 ÷ 3.14 = 18 (cm)
半径は，直径の半分だから，18 ÷ 2 = 9(cm)

❸ (1) 底面が五角形だから，五角柱です。
(2) (3) 下の図のように組み立てるので，重なる点や辺がわかります。(3) は，「辺ＩＪ」と答えてもよいですが，重なる点の順番を考えて，「辺ＪＩ」と答えましょう。

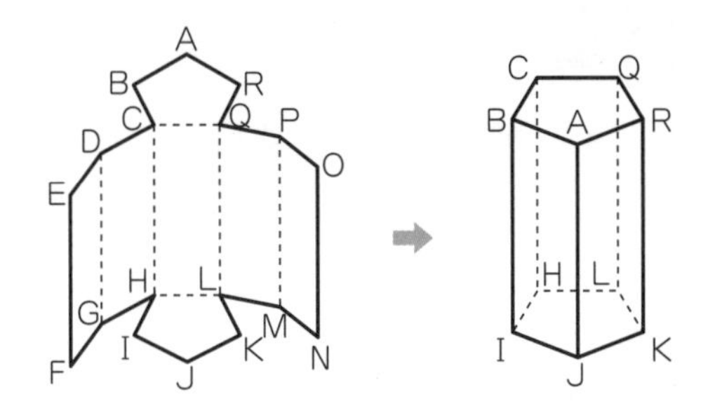

(4) 角柱の側面は長方形や正方形だから，面ＡＪＫＲと面ＲＫＬＱはどちらも長方形です。したがって，辺ＲＫに垂直な辺は，辺ＡＲ，辺ＲＱ，辺ＪＫ，辺ＫＬの 4 本です。

❹ (1) 展開図を組み立てると，右の図のような円柱になります。

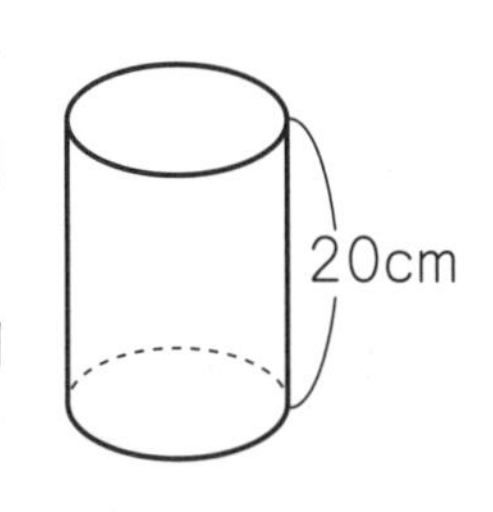

(2) 円柱の高さは，展開図の長方形のたての長さと同じなので，20cm です。
展開図の長方形の横の長さと底面の円の円周の長さは等しいので，底面の円の半径を□cm とすると，
□× 2 × 3.14 = 37.68
□にあてはまる数を求めると，
□× 6.28 = 37.68
37.68 ÷ 6.28 = 6
したがって，底面の円の半径は 6cm です。

算数 第11回 割合とグラフ

答え

❶ (1) 28%　(2) 3割1分8厘
　(3) 0.47　(4) 0.73

❷ (1) 95　(2) 3, 1, 5
　(3) 756　(4) 1500

❸ (1) [式] 660 ÷ 2000 = 0.33
　　[答え] 0.33
　(2) [式] 88 ÷ (1 + 0.1) = 80
　　[答え] 80g

❹ (1) 28%
　(2) [式] 25 × 0.44 = 11
　　[答え] 11人
　(3) 例

25〜30kg 20%
30〜35kg 28%
その他 8%
35〜40kg 44%
0　10　20　30　40　50　60　70　80　90　100%

考え方

❶ 小数で表した割合と百分率の関係は，次の式のようになっています。

　百分率(%)＝小数で表した割合×100

また，小数で表した割合と歩合の関係は，下の表のようになっています。

歩合	1割	1分	1厘
小数で表した割合	0.1	0.01	0.001

❷ 割合＝比べられる量÷もとにする量 の関係を使って求めます。

(1) 比べられる量が342円で，もとにする量が360円なので，
　342 ÷ 360 × 100 = 95 (%)

(2) 比べられる量が378個で，もとにする量が1200個なので，
　378 ÷ 1200 = 0.315
0.315を歩合で表すと3割1分5厘です。

(3) もとにする量が6300人，割合が12%なので，
　6300 × 0.12 = 756 (人)

(4) 比べられる量が720L，割合が4割8分なので，
　720 ÷ 0.48 = 1500 (L)

比べられる量やもとにする量を求めるときは，
　比べられる量＝もとにする量×割合
　もとにする量＝比べられる量÷割合
の式にあてはめて求めることもできるね。
　割合＝比べられる量÷もとにする量
と合わせて覚えておこう。

❸ (1) 比べられる量が660円，もとにする量が2000円なので，求める割合は，
　660 ÷ 2000 = 0.33

(2) 中身の重さが10%増えて88gになっているので，88gはおかしのもとの重さの，
　100 + 10 = 110 (%)
にあたります。
110%を小数で表すと1.1です。
比べられる量が88g，割合が1.1なので，おかしのもとの重さは，
　88 ÷ 1.1 = 80 (g)

このおかしは中身が1.1倍になっているんだね。

❹ (1) 円グラフの目もりを見ると，30kg以上35kg未満の人は，44と72の間なので，全体の，72−44＝28(%)にあたります。

(2) もとにする量が25人で，35kg以上40kg未満の人は全体の44%なので，
　25 × 0.44 = 11 (人)

算数 第10回 速さ

答え

❶ (1) 250　(2) 35

❷ (1)5.8km　(2)21.6 km　(3)3時間30分

❸ [式] 104 ÷ 4 = 26　[答え] 秒速 26m

❹ (1)[式]200−60=140 [答え] 140m

　(2)[式]700÷140=5　[答え] 5分

考え方

❶ (1) 4 分間に 1km = 1000m 進むので，1 分間では，1000 ÷ 4 = 250 (m) 進みます。

(2) 3 時間で 105km 進むので，1 時間では，

　105 ÷ 3 = 35 (km)

進みます。

mとkm，秒と分と時間など，単位に気をつけよう。

❷ (1) 1 時間で 2.9km 進むので，2 時間では，2.9 × 2 = 5.8 (km) 進みます。

(2) 1秒で4m進むので，1時間30分=5400秒では，4 × 5400 = 21600 (m) 進みます。また，21600m = 21.6 km です。

(3) 1 分で 300m 進むので，63km = 63000m 進むのにかかる時間は，

　63000 ÷ 300 = 210 (分)

また，210 分= 3 時間 30 分です。

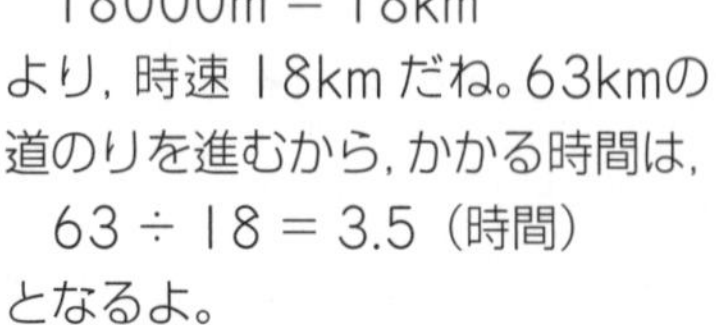

(3) は，分速 300m を時速に直して考えてもいいよ。
300 × 60 = 18000 (m)
18000m = 18km
より，時速 18km だね。63kmの道のりを進むから，かかる時間は，
63 ÷ 18 = 3.5 (時間)
となるよ。

❸ この電車がふみ切りの前で立っている人の目の前を通り過ぎるのに走る道のりは，ちょうど電車の長さと等しいので，104m です。

目の前を通り過ぎる
4 秒間に走る道のり

秒速?m

104m

104m

104m を4 秒で進むから，

速さ=道のり÷時間より，

　104 ÷ 4 = 26

したがって，秒速 26m です。

❹ (1) 下の図のように，まさるさんは 1 分間に 200m，妹は 1 分間に 60m，同じ方向に進むので，まさるさんは 1 分間で，

　200 − 60 = 140 (m)

ずつ妹に近づきます。

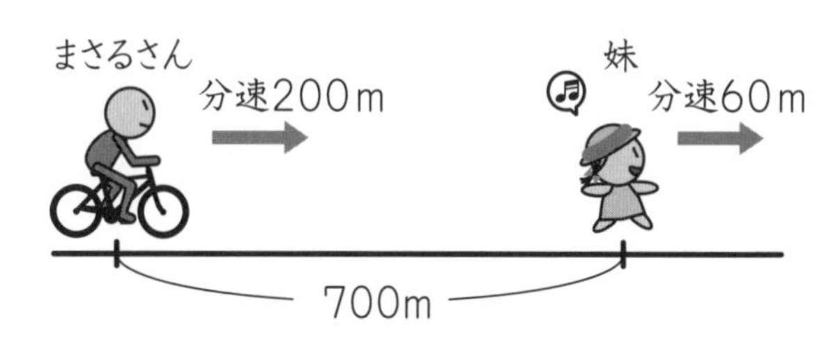

(2) はじめに 700m の差があって，1 分間で 140m ずつ近づくので，まさるさんが妹に追いつくのにかかる時間は，

　700 ÷ 140 = 5 (分)

です。

算数 第9回 四角形と三角形の面積

答え

❶ (1) [式] $6 \times 5 = 30$
[答え] 30cm^2
(2) [式] $5 \times 5 \div 2 = 12.5$
[答え] 12.5cm^2
(3) [式] $(4.4+8) \times 5.8 \div 2 = 35.96$
[答え] 35.96cm^2
(4) [式] $6 \times 8 \div 2 = 24$
[答え] 24m^2

❷ (1) ㋑ (2) ㋐と㋓

❸ (1) [式] $6+2=8$
$8 \times 3 \div 2 + 8 \times 3 \div 2 = 24$
[答え] 24cm^2
(2) [式] $35 \times 25 \div 2 = 437.5$
[答え] 437.5cm^2

❹ (1)

高さ (cm)	1	2	3	4	5
面積 (cm^2)	3	6	9	12	15

(2) $\triangle = 3 \times \square$

考え方

❶ (1) 平行四辺形の面積＝底辺×高さだから,
$6 \times 5 = 30$ (cm^2)
(2) 三角形の面積＝底辺×高さ÷2だから,
$5 \times 5 \div 2 = 12.5$ (cm^2)
(3) 台形の面積＝(上底＋下底)×高さ÷2だから,
$(4.4 + 8) \times 5.8 \div 2 = 35.96$ (cm^2)
(4) ひし形の面積＝対角線×対角線÷2だから,
$6 \times 8 \div 2 = 24$ (m^2)

❷ ㋐～㋒の平行四辺形は, 高さがどれも同じなので, 底辺の長さがいちばん長い平行四辺形が, 面積がいちばん大きくなります。また, ㋓の三角形は右の図より, 底辺8cmの平行四辺形の面積の半分になっています。

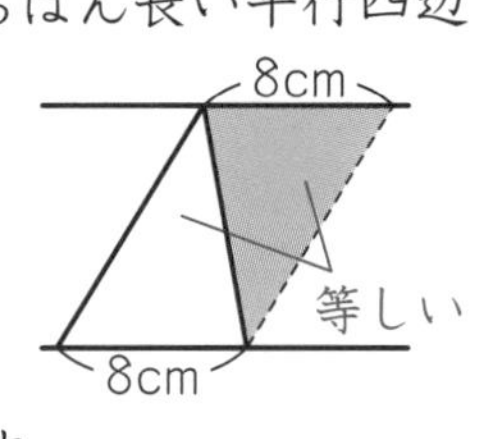

したがって, ㋐～㋓の図形の面積は, ㋒がいちばん小さく, ㋑がいちばん大きく, ㋐と㋓が等しくなっています。

❸ (1) 対角線BDの長さは, $6 + 2 = 8$ (cm)
三角形ABDの面積は,
$8 \times 3 \div 2 = 12$ (cm^2)
三角形CBDの面積は,
$8 \times 3 \div 2 = 12$ (cm^2)
したがって, 四角形ABCDの面積は,
$12 + 12 = 24$ (cm^2)

下の図のように, 三角形ABCと三角形ADCに分けたり, 長方形EFGHの面積の半分と考えることもできるね。

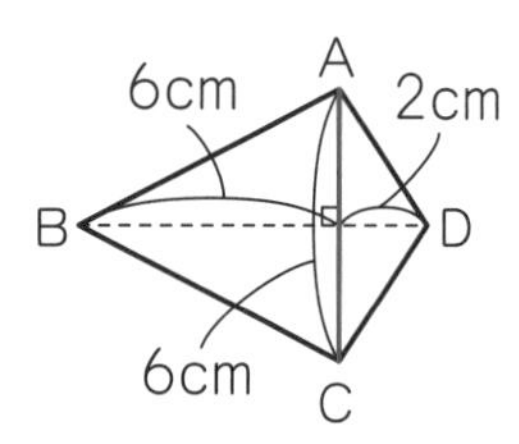

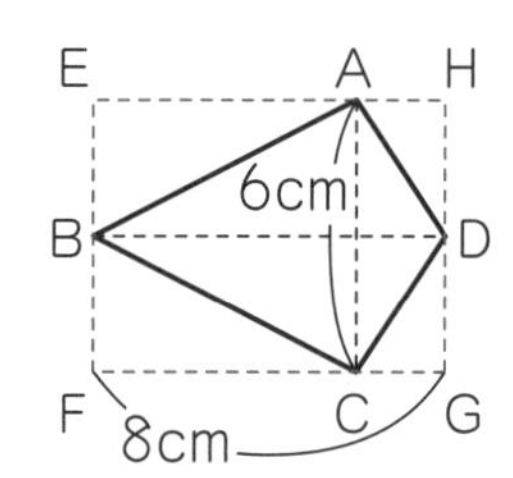

(2) 右下の図で,
三角形EGFと三角形EBF
三角形FCDと三角形FBD
の面積は等しいので, 色がついている部分全体の面積は, 長方形ABCDの面積の半分になっています。したがって, 面積は,
$35 \times 25 \div 2 = 437.5$ (cm^2)

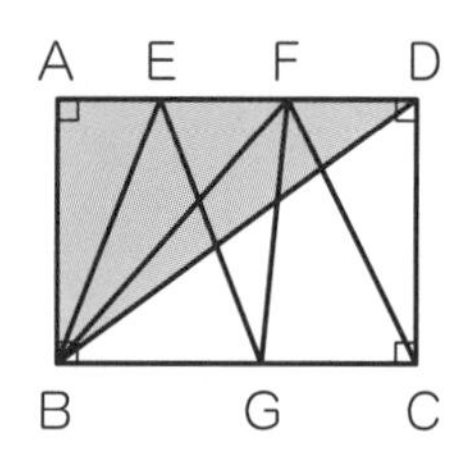

❹ 表をうめていくと, 三角形の高さが2倍になると面積も2倍になることがわかります。また, 三角形の面積は高さの3倍になっているので, $\triangle = 3 \times \square$になります。

算数 第8回 分数のたし算とひき算

答え

❶ (1)0.75 (2)3.4 (3) $1\frac{7}{10}\left(\frac{17}{10}\right)$ (4)$\frac{63}{100}$

❷ (1) $\frac{1}{2} \rightarrow \frac{5}{9} \rightarrow \frac{2}{3}$

(2) $\frac{12}{16} \rightarrow \frac{7}{9} \rightarrow \frac{5}{6}$

❸ (1) $\frac{13}{24}$ (2) $5\frac{8}{21}\left(\frac{113}{21}\right)$ (3) $\frac{11}{20}$

(4) $2\frac{13}{18}\left(\frac{49}{18}\right)$

❹ (1) $3\frac{19}{60}\left(\frac{199}{60}\right)$ (2) $4\frac{19}{40}\left(\frac{179}{40}\right)$

❺ [式] $7\frac{5}{6} - 3\frac{5}{18} - 2\frac{11}{15} = 1\frac{37}{45}$

[答え] $1\frac{37}{45}$ kg $\left(\frac{82}{45}\text{ kg}\right)$

考え方

❶ (1) $3 \div 4 = 0.75$

(2) $3\frac{2}{5} = \frac{17}{5}$ より，$17 \div 5 = 3.4$

(3) 1.7は0.1が17個で，$0.1 = \frac{1}{10}$ だから，

$1.7 = \frac{17}{10}\left(= 1\frac{7}{10}\right)$

(4) 0.63は0.01が63個で，$0.01 = \frac{1}{100}$ だから，

$0.63 = \frac{63}{100}$

❷ (1) 通分してから，大きさを比べます。

$\frac{1}{2} = \frac{1 \times 9}{2 \times 9} = \frac{9}{18}$，$\frac{2}{3} = \frac{2 \times 6}{3 \times 6} = \frac{12}{18}$，

$\frac{5}{9} = \frac{5 \times 2}{9 \times 2} = \frac{10}{18}$

小さい順にならべると，$\frac{9}{18}$，$\frac{10}{18}$，$\frac{12}{18}$ だから，

$\frac{1}{2} \rightarrow \frac{5}{9} \rightarrow \frac{2}{3}$

(2) $\frac{12}{16}$を約分してから，通分します。

$\frac{5}{6} = \frac{5 \times 6}{6 \times 6} = \frac{30}{36}$，$\frac{7}{9} = \frac{7 \times 4}{9 \times 4} = \frac{28}{36}$，

$\frac{12}{16} = \frac{3}{4} = \frac{3 \times 9}{4 \times 9} = \frac{27}{36}$

小さい順にならべると，$\frac{27}{36}$，$\frac{28}{36}$，$\frac{30}{36}$ だから，

$\frac{12}{16} \rightarrow \frac{7}{9} \rightarrow \frac{5}{6}$

(2) の $\frac{12}{16}$ でこのまま通分しようとすると，分母が大きくなってしまうね。

❸ (1) $\frac{1}{6} + \frac{3}{8} = \frac{4}{24} + \frac{9}{24} = \frac{13}{24}$

(2) $3\frac{2}{3} + 1\frac{5}{7} = 3\frac{14}{21} + 1\frac{15}{21} = 4\frac{29}{21} = 5\frac{8}{21}$

(3) $\frac{4}{5} - \frac{1}{4} = \frac{16}{20} - \frac{5}{20} = \frac{11}{20}$

(4) $4\frac{1}{6} - 1\frac{4}{9} = 4\frac{3}{18} - 1\frac{8}{18} = 3\frac{21}{18} - 1\frac{8}{18}$

$= 2\frac{13}{18}$

❹ (1) $1\frac{1}{4} + \frac{1}{6} + 1\frac{9}{10} = 1\frac{15}{60} + \frac{10}{60} + 1\frac{54}{60}$

$= 2\frac{79}{60} = 3\frac{19}{60}$

(2) $5\frac{3}{8} - 2\frac{7}{10} + 1\frac{4}{5} = 5\frac{15}{40} - 2\frac{28}{40} + 1\frac{32}{40}$

$= 2\frac{27}{40} + 1\frac{32}{40} = 3\frac{59}{40} = 4\frac{19}{40}$

❺ 残っている小麦粉の重さは，小麦粉全体の重さ（kg）から，午前中に使った小麦粉の重さ（kg）と午後に使った小麦粉の重さ（kg）をひいて求めます。

算数

算数 第7回 図形の角

答え

❶（1）［式］$180° - (40° + 77°) = 63°$

［答え］63°

（2）［式］$180° - 56° \times 2 = 68°$

［答え］68°

（3）［式］$180° - 125° = 55°$

$180° - (65° + 55°) = 60°$

［答え］60°

❷（1）［式］$180° - 90° = 90°$

$180° - 56° = 124°$

$360° - (90° + 77° + 124°) = 69°$

［答え］69°

（2）［式］$360° - (83° + 110° + 83°) = 84°$

$84° - 34° = 50°$

［答え］50°

（3）㋒ 70°　㋓ 110°

❸（1）［式］$90° - 45° = 45°$

$45° - 30° = 15°$

$180° - (90° + 15°) = 75°$

［答え］㋐ 45°　㋑ 75°

（2）［式］$180° - (30° + 90°) = 60°$

$180° - (30° + 45°) = 105°$

［答え］㋒ 60°　㋓ 105°

考え方

❶（2）三角形ＡＢＣは二等辺三角形だから，左下の図で，㋓の角度は56°です。だから，㋑の角度は，$180° - 56° \times 2 = 68°$

（3）右下の図で，㋔の角度は，

$180° - 125° = 55°$

だから，㋒の角度は，

$180° - (65° + 55°) = 60°$

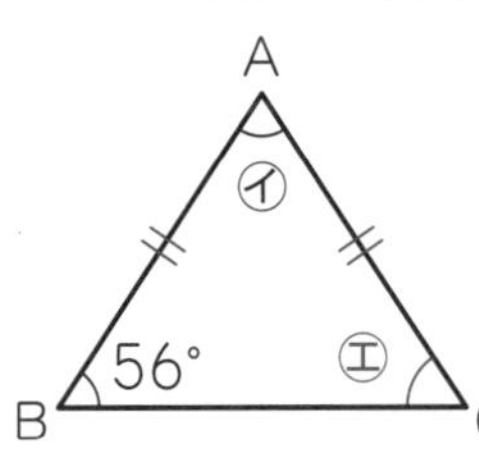

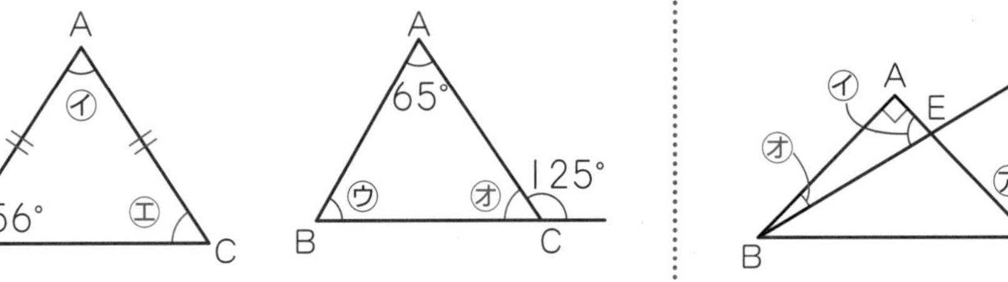

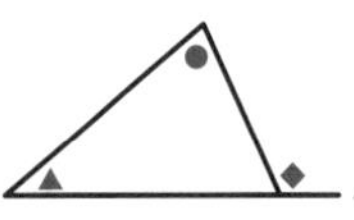

◆＝●＋▲の関係から，㋒の角度は，$125° - 65° = 60°$ と求めることもできるね。

❷（1）左下の図で，㋔の角度は，$180° - 90° = 90°$，㋕の角度は，$180° - 56° = 124°$，四角形の４つの角の大きさの和は360°なので，㋐の角度は，

$360° - (90° + 77° + 124°) = 69°$

（2）右下の図で，㋖の角度は，

$360° - (83° + 110° + 83°) = 84°$

だから，㋑の角度は，$84° - 34° = 50°$

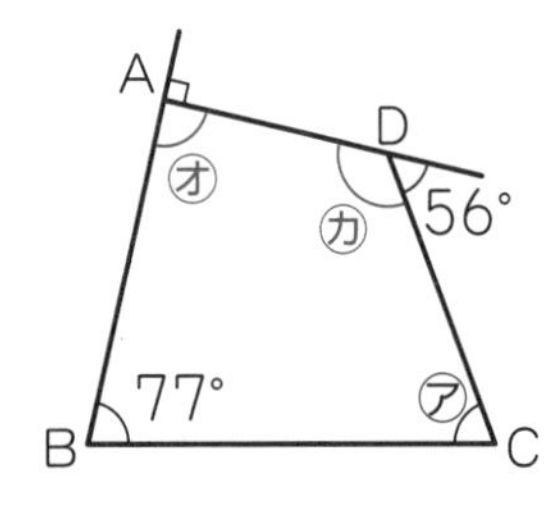

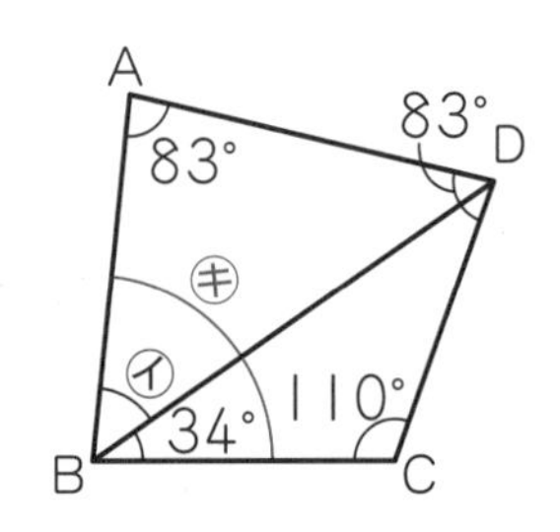

（3）平行四辺形は，向かい合った２組の角の大きさが等しいので，㋒の角度は70°です。

㋓の角度は，

$360° - 70° \times 2 = 220°$

$220° \div 2 = 110°$

❸（1）㋐の角度は，$90° - 45° = 45°$

㋔の角度は，$45° - 30° = 15°$ だから，

㋑の角度は，$180° - (90° + 15°) = 75°$

（2）三角形ＢＦＥの３つの角の大きさの和は180°だから，㋒の角度は，$180° - (30° + 90°) = 60°$ 三角形ＧＢＣの３つの角の大きさの和は180°だから，㋓の角度は，$180° - (30° + 45°) = 105°$

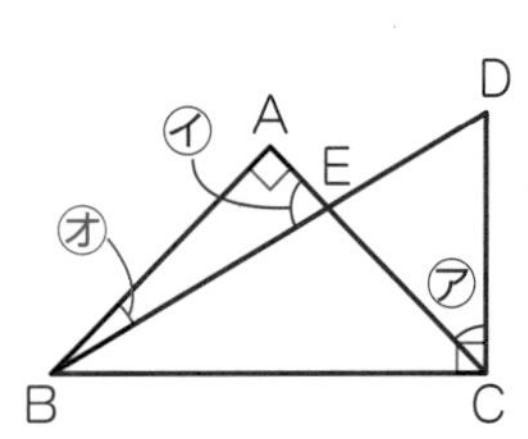

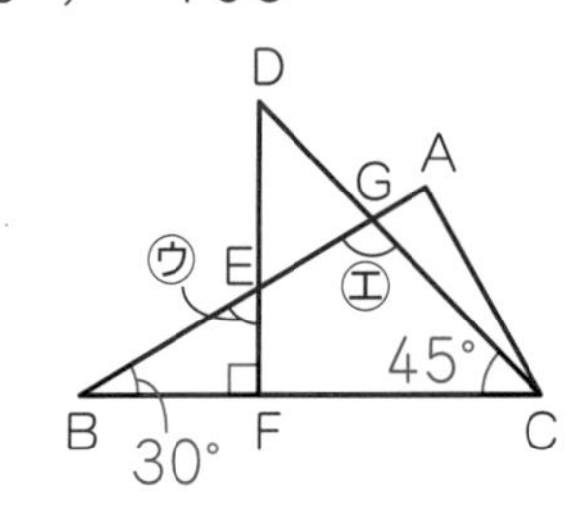

算数 第6回 平均，単位量あたり

答え

❶ (1) [式] 760 ÷ 8 = 95
[答え] 95g
(2) [式] (86+93+79+82)÷4=85
[答え] 85人

❷ (1) [式] 78 × 4 = 312
[答え] 312点
(2) [式] 312−(83+68+77) = 84
[答え] 84点

❸ (1) ㋐ (2) ㋒
(3) [式] 720÷10=72 900÷10=90
900 ÷ 12 = 75
[答え] ㋐

❹ [式] 112552 ÷ 62 = 1815.3…
[答え] 1815人

❺ [式] 2.4 ÷ 3 = 0.8 0.8 × 16 = 12.8
[答え] 12.8dL

考え方

❶ (1) 平均＝重さの合計÷個数の式で求められるので，
760 ÷ 8 = 95 (g)
(2) 平均＝児童の人数の合計÷小学校の数の式で求められるので，
(86+93+79+82)÷4=340÷4
= 85 (人)

❷ (1) 4回のテストの平均点が78点だから，4回のテストの合計点は，4回とも78点だったときの合計点と同じと考えられます。
だから，4回のテストの合計点は，
78 × 4 = 312 (点)

合計点は
合計点＝平均×テストの回数
で求められるね。

(2) 3回目以外のテストの合計点は，
83 + 68 + 77 = 228 (点)
したがって，3回目のテストの点数は，
312 − 228 = 84 (点)

❸ (1) 同じ個数でのねだんは㋐のほうが安いので，1個あたりのねだんが安いのは，㋐だとわかります。
(2) 同じねだんでの個数は㋒のほうが多いので，1個あたりのねだんが安いのは，㋒だとわかります。
(3) 1個あたりのねだん (円)
＝合計のねだん (円) ÷個数 (個)
だから，それぞれ計算すると，
㋐ 720 ÷ 10 = 72 (円)
㋑ 900 ÷ 10 = 90 (円)
㋒ 900 ÷ 12 = 75 (円)
したがって，1個あたりのねだんがいちばん安いのは，㋐だとわかります。

(1)，(2) より㋑がいちばん安くなることはないので，㋐と㋒のねだんを比(くら)べるだけでもいいよ。

❹ 人口密度＝人口 (人) ÷面積 (km^2) だから，
112552 ÷ 62 = 1815.3…
より，小数第一位を四捨五入して1815人となります。

❺ $1m^2$ あたりのペンキの量 (dL)
＝必要なペンキの量 (dL) ÷面積 (m^2)
だから，$1m^2$ をぬるのに必要なペンキの量は，
2.4 ÷ 3 = 0.8 (dL)
したがって，$16m^2$ をぬるのに必要なペンキの量は，
0.8 × 16 = 12.8 (dL)

算数

算数

第5回 偶数と奇数，倍数と約数

答え

❶ (1) 59 (2) 30個 (3) 52

❷ (1) 7，14，21，28，35，42，49
(2) 12，24，36，48

❸ (1) 最小公倍数 24，最大公約数 2
(2) 最小公倍数 180，最大公約数 5
(3) 最小公倍数 91，最大公約数 1

❹ (1) 最小公倍数 48，最大公約数 2
(2) 最小公倍数 360，最大公約数 12

❺ (1) 72cm (2) 6cm

考え方

❶ (1) 1から60までの整数について，大きいほうの数から順に偶数か奇数かを調べていくと，

60，59，58，57，…

(○は偶数，△は奇数)

となるので，いちばん大きい奇数は59です。

(2) 偶数は一の位の数字が，0，2，4，6，8の数なので，「1から10」までの数のうち，偶数は，2，4，6，8，10の5個です。「11から20」，「21から30」，「31から40」，「41から50」，「51から60」についても5個ずつあるので，偶数は全部で，

$5 \times 6 = 30$（個）

1から60までの60個の整数のうち，半分が偶数であると考えて，$60 \div 2 = 30$と求めてもいいよ。

(3) 大きいほうから順に，60，58，56，54，52，…なので52です。

❷ (1) 7の倍数は，7を1倍，2倍，3倍，4倍，…した数なので，7，14，21，28，35，42，49，56，…です。このうち，1から50までの整数は7，14，21，28，35，42，49です。

(2) 12の倍数は，12を1倍，2倍，3倍，4倍，5倍，…した数なので，12，24，36，48，60，…です。このうち，1から50までの整数は12，24，36，48です。

❸ (2) 45の倍数から20の倍数をさがすと，

45，90，135，180，225，…

だから，最小公倍数は180です。

また，20の約数から45の約数をさがすと，

1，2，4，5，10，20

だから，最大公約数は5です。

(3) 13の倍数から，7の倍数をさがすと，

13，26，39，52，65，78，91，104，…

だから，最小公倍数は91です。

また，7の約数から13の約数をさがすと，

1，7

だから，最大公約数は1です。

❹ (1) 16の倍数から6の倍数をさがすと，

16，32，48，64，80，96，…

このうち，48は2の倍数でもあるので，最小公倍数は48です。

2の約数の中から6の約数をさがすと，

1，2

このうち，2は16の約数でもあるので，最大公約数は2です。

(2) 72の倍数から60の倍数をさがすと，

72，144，216，288，360，432，…

このうち，360は72の倍数でもあるので，最小公倍数は360です。

24の約数の中から60の約数をさがすと，

1，2，3，4，6，8，12，24

このうち，12は72の約数でもあるので，最大公約数は12です。

❺ (1) できるだけ小さい正方形を作るために，18と24の最小公倍数を求めます。

(2) できるだけ大きい正方形を作るために，18と24の最大公約数を求めます。

算数 第4回 合同な図形

答え

❶ ㋐と㋖，㋑と㋔，㋒と㋗，㋓と㋘

❷（1）頂点F　（2）辺ED　（3）75度

❸（1）

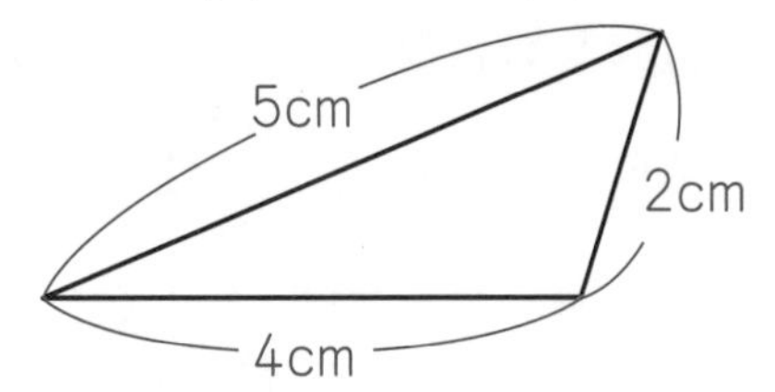

（2）

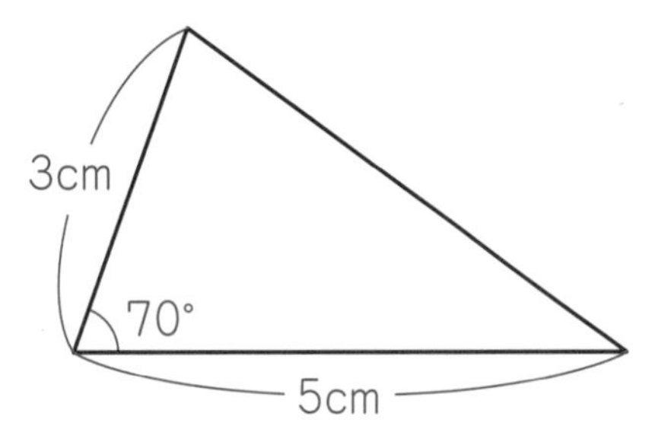

❹（1）

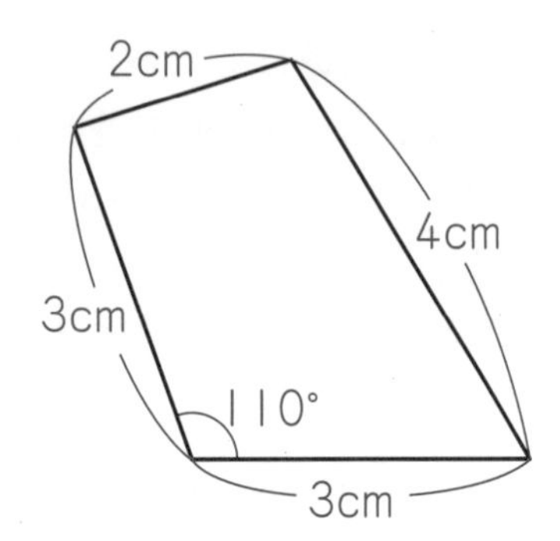

（2）

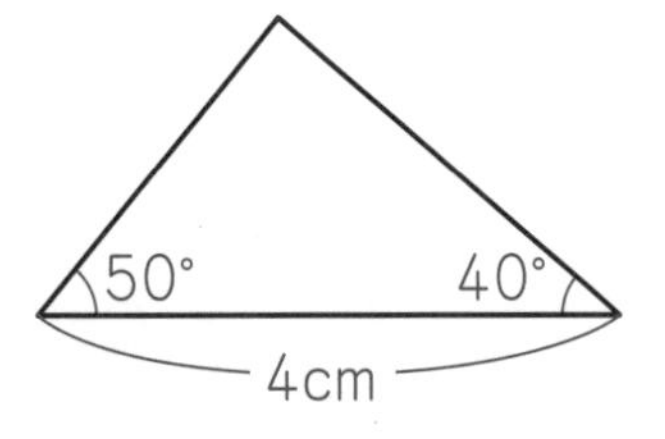

※❸，❹の図形の向きはこのとおりでなくてもよいです。

考え方

❶ ㋐～㋙の中から，同じ形の２つの図形をさがします。㋐と㋖のように，一方をうら返して回転させるとぴったり重なり合う２つの図形も合同です。

❷ 三角形Ⓘを回転させて考えます。

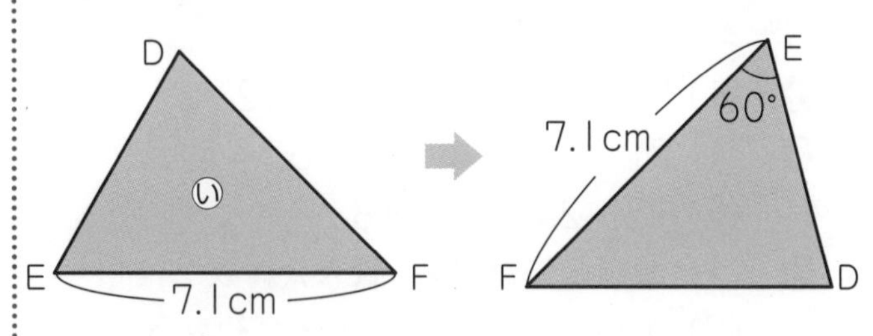

（2）対応する辺を答えるときには，点をかく順番に注意しましょう。

（3）上の図より，角Dに対応する角は角Cだとわかります。

❸（1）

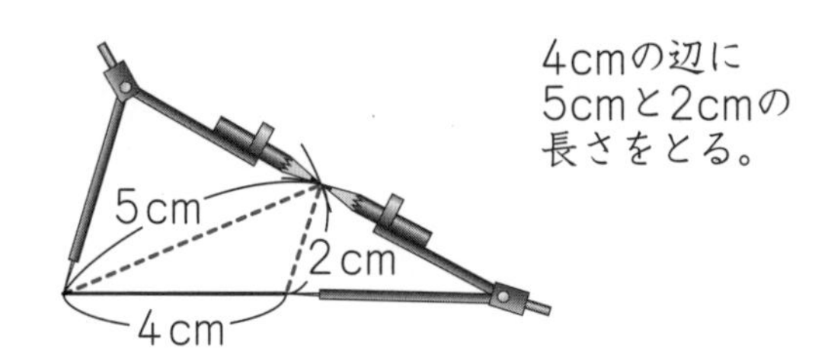

（2）

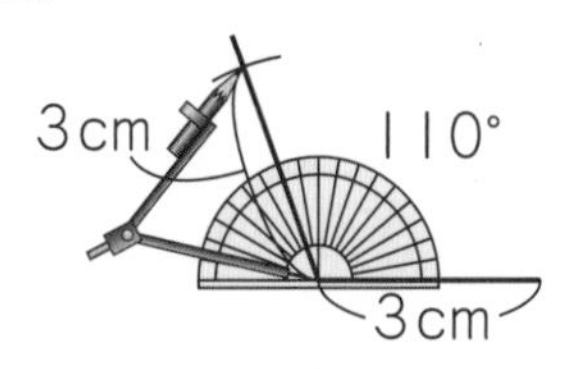

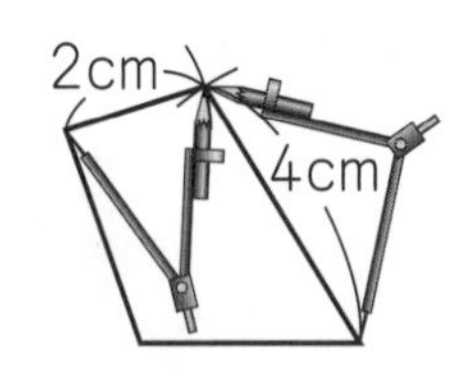

❹（1）5cm の辺に 70° の角をかき，3cm の長さをとります。

（2）4cm の辺の両側に 50° と 40° の角をとります。

算数 第3回 小数のわり算

答え

❶ (1)

```
      2 5
2.8)7 0.0
    5 6
    1 4 0
    1 4 0
        0
```

(2)

```
       4.7
1.9)8.9 3
    7 6
    1 3 3
    1 3 3
        0
```

(3)

```
        4 7
0.63)2 9.6 1
     2 5 2
       4 4 1
       4 4 1
           0
```

❷ (1)

```
      7
0.8)5.9
    5 6
    0.3
```

(2)

```
      1 0.5
2.3)2 4.3
    2 3
      1 3 0
      1 1 5
      0.1 5
```

❸ (1) 3.3 (2) 5.5

❹ (1) × (2) ○ (3) ○ (4) △
(5) ×

❺ (1) [式]36÷1.5=24　36+24=60
[答え] 60kg
(2) [式] 4.6 × 9.2 = 42.32
4.6 × 2.3 = 10.58
42.32 ÷ 10.58 = 4
[答え] 4cm

考え方

❶ (1) は，右はしに 0 をつけて，わりきれるまで計算します。

❷ あまりのあるわり算では，あまりの小数点は，わられる数のもとの小数点の位置にそろえてつけます。

❸ (1) 4.6 ÷ 1.4 = 3.28…より，小数第二位を四捨五入して 3.3 になります。
(2) 3.28 ÷ 0.6 = 5.46…より，小数第二位を四捨五入して 5.5 になります。

❹ (1) かける数の 0.98 は 1 より小さいので，計算結果は 6.28 より小さくなります。
(2) かける数の 1.23 は 1 より大きいので，計算結果は 6.28 より大きくなります。
(3) わる数の 0.98 は 1 より小さいので，計算結果は 6.28 より大きくなります。
(4) わる数は 1 なので，計算結果は 6.28 と等しくなります。
(5) わる数の 1.23 は 1 より大きいので，計算結果は 6.28 より小さくなります。

❺ (1) 弟の体重を□ kg とすると，弟の体重(□ kg) の 1.5 倍が兄の体重 (36kg) なので，
□× 1.5 = 36
□にあてはまる数を求めると，
36 ÷ 1.5 = 24
したがって，兄と弟の体重の合計は，
36 + 24 = 60 (kg)

弟の体重を求めてから，兄と弟の体重をたし合わせないといけないんだね。

(2) もとの長方形の面積は，
4.6 × 9.2 = 42.32 (cm^2)
もとの長方形のたての長さを 2.3 倍すると，
4.6 × 2.3 = 10.58 (cm)
長方形の横の長さは，
長方形の面積 (cm^2) ÷ たての長さ (cm)
で求められるので，
42.32 ÷ 10.58 = 4 (cm)

長方形の面積を求めなくても，横の長さを 2.3 でわって，
9.2 ÷ 2.3 = 4 (cm) と求めることもできるよ。

算数 第2回 直方体と立方体の体積

答え

❶ (1) $8cm^3$ (2) $40cm^3$

❷ (1) [式] $1.2m = 120cm$

$80 \times 120 \times 60 = 576000$

[答え] $576000cm^3$

(2) [式] $6 \times 10 \times 5 + 6 \times (15 - 10) \times 10 = 600$

[答え] $600cm^3$

❸ (1) 3000000 (2) 12000

(3) 6000, 6 (4) 520

❹ (1) [式] $60 - 20 \times 2 = 20$

$80 - 20 \times 2 = 40$

$20 \times 40 \times 20 = 16000$

[答え] $16000cm^3$

(2) [式] $20 \times 40 \times (12 - 10) = 1600$

[答え] $1600cm^3$

(3) [式] $8 \times 8 \times 8 = 512$

$512 \div (20 \times 40) = 0.64$

$10 + 0.64 = 10.64$

[答え] 10.64cm

考え方

❶ (1) 1辺が1cmの立方体の個数(こすう)は8個なので，この立体の体積は$8cm^3$

(2) 直方体の体積＝たて×横×高さの公式を使います。したがって，この直方体の体積は，

$2 \times 4 \times 5 = 40\ (cm^3)$

❷ (1) 1.2m＝120cmだから，体積は，

$80 \times 120 \times 60 = 576000\ (cm^3)$

(2) 右上の図のように，2つの直方体あ，いに分けると，あの体積は，

$6 \times 10 \times 5 = 300\ (cm^3)$

いの体積は，

$6 \times (15 - 10) \times 10 = 6 \times 5 \times 10 = 300\ (cm^3)$

だから，求める体積は，

$300 + 300 = 600\ (cm^3)$

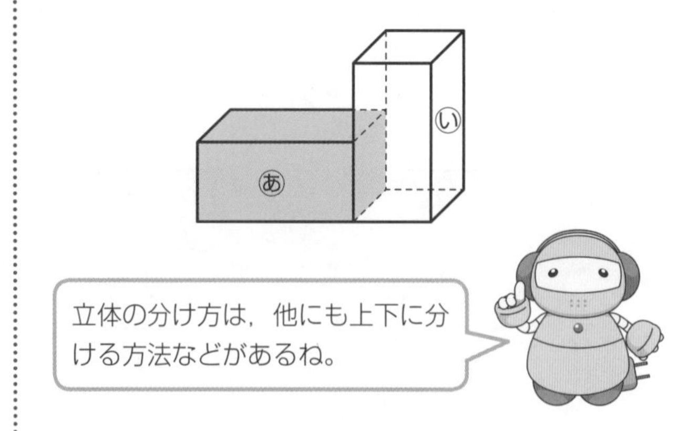

あ
い
立体の分け方は，他にも上下に分ける方法などがあるね。

❸ (1) $1m^3 = 1000000cm^3$なので，

$3m^3 = 3000000cm^3$

(2) $1L = 1000cm^3$なので，$12L = 12000\ cm^3$

(3) $1kL = 1000L = 1m^3$なので，

$6kL = 6000L = 6m^3$

(4) $1mL = 1cm^3$なので，$520mL = 520cm^3$

❹ (1) 問題の図を組み立てると，

内のりのたては，$60 - 20 \times 2 = 20$ (cm)

内のりの横は，$80 - 20 \times 2 = 40$ (cm)

内のりの深さは，20cm

したがって，容積は，

$20 \times 40 \times 20 = 16000\ (cm^3)$

(2) 石を水そうにしずめると，石の体積の分だけ水の深さが増えます。水の深さは，

$12 - 10 = 2$ (cm)

増えたので，石の体積は，

$20 \times 40 \times 2 = 1600\ (cm^3)$

(3) 1辺が8cmの立方体の形をした石の体積は

$8 \times 8 \times 8 = 512\ (cm^3)$

増えた水の深さを□cmとすると，増えた深さ分の水の体積は石の体積と等しいので，

$20 \times 40 \times □ = 512$

$800 \times □ = 512$

だから，□にあてはまる数は，

$512 \div 800 = 0.64$

したがって，石をしずめると，もとの深さの10cmから0.64cm増えるので，石をしずめたあとの水の深さは，

$10 + 0.64 = 10.64$ (cm)

算数 第1回 小数のかけ算

答え

❶ (1) ① 1　② 0　③ 3　④ 9

(2) ① 100　② 10

❷ (1)

```
     3 2
  × 4.6
   1 9 2
 1 2 8
 1 4 7.2
```

(2)

```
   1 6 7
 ×   3.8
 1 3 3 6
 5 0 1
 6 3 4.6
```

(3)

```
   1 9.3
 ×   2.4
   7 7 2
 3 8 6
 4 6.3 2
```

(4)

```
    4 9.3
 × 0.5 7
  3 4 5 1
 2 4 6 5
 2 8.1 0 1
```

❸ (1) 590　(2) 61　(3) 58.1

❹ (1) [式] $0.7 \times 6.2 = 4.34$

[答え] 4.34kg

(2) [式] $18.6 \times 7.8 = 145.08$

[答え] 145.1km

考え方

❶ (1) 10.39は, 10を1個, 1を0個, 0.1を3個, 0.01を9個集めてできた数です。

$$10.39 = 10 \times 1 \cdots 10$$
$$+\ 1 \times 0 \cdots 0$$
$$+\ 0.1 \times 3 \cdots 0.3$$
$$+\ 0.01 \times 9 \cdots 0.09$$

(2) 0.581の小数点を右へ2けたうつすと58.1になるので, 100倍です。

39.3の小数点を左へ1けたうつすと3.93になるので, $\frac{1}{10}$ です。

❷ (1) 32×46を筆算で計算し, 1472の小数点を左へ1けたうつすと, 147.2になります。

(2) 167×38を筆算で計算し, 6346の小数点を左へ1けたうつすと, 634.6になります。

(3) 193×24を筆算で計算し, 4632の小数点を左へ2けたうつすと, 46.32になります。

(4) 493×57を筆算で計算し, 28101の小数点を左へ3けたうつすと, 28.101になります。

❸ (1) $12.5 \times 5.9 \times 8$

$= 12.5 \times 8 \times 5.9$

$= 100 \times 5.9$

$= 590$

(2) $0.61 \times 25 \times 4$

$= 0.61 \times (25 \times 4)$

$= 0.61 \times 100$

$= 61$

(3) $2.9 \times 5.81 + 7.1 \times 5.81$

$= (2.9 + 7.1) \times 5.81$

$= 10 \times 5.81$

$= 58.1$

(3) は,
○×□+△×□
=(○+△)×□
となることを使って計算するんだね。

❹ (1) 液体の重さは,

1Lの液体の重さ(kg)×液体の量(L)

で求められます。

1Lの液体の重さ…0.7kg

液体の量…6.2L

したがって, 液体の重さは,

$0.7 \times 6.2 = 4.34$ (kg)

(2) この自動車の走る道のりは,

1Lのガソリンで走る道のり (km)×ガソリンの量 (L)

で求められます。

1Lのガソリンで走る道のり…18.6km

ガソリンの量…7.8L

したがって, 7.8Lで走ることのできる道のりは,

$18.6 \times 7.8 = 145.08$ (km)

小数第二位を四捨五入すると,

145.08 → 145.1 (km)

算数

答えと考え方

★ 自分の答えと『答えと考え方』をくらべて，どのようなまちがいをしたのかや，正しい考え方を確認(かくにん)しましょう。

★ 正解(せいかい)した問題も，考え方が合っているか，ほかの考え方があるかなどを確(たし)かめるために，「考え方」を読みましょう。

★ 答え合わせが終わったら，「得点」を記入しましょう。

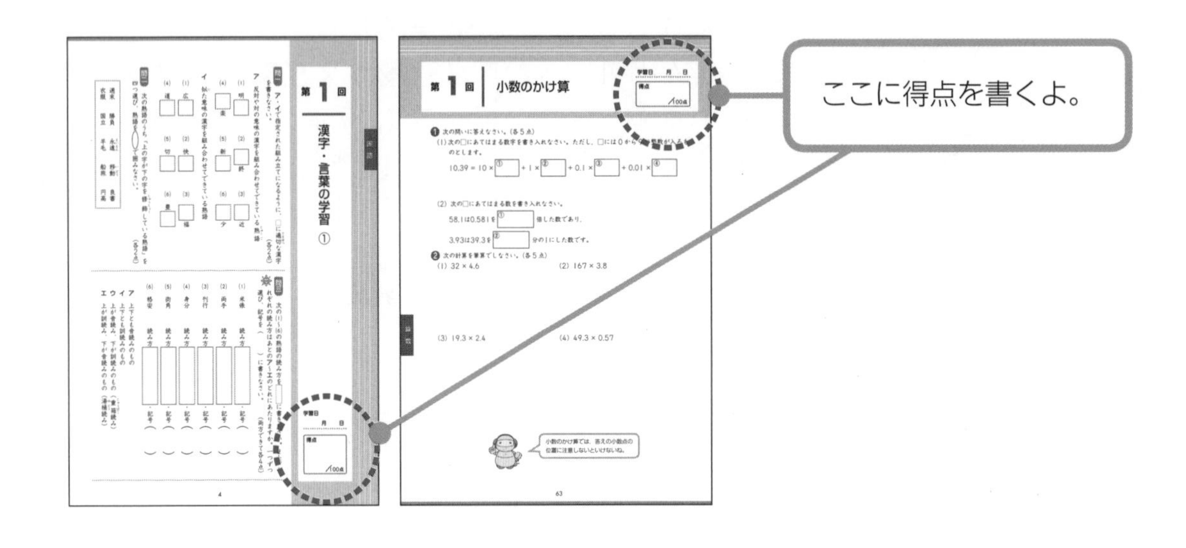

目次

国語は反対側から始まるよ。

Z-KAI

算数・理科・社会の「答えと考え方」はこちらから始(はじ)まります。